Fondamenti di architetture

Architettura di un PC, Internet, Reti, Sistemi Distribuiti e C.A.D.

Luciano Manelli

Note sull'autore

Luciano Manelli è nato nel 1975 a Taranto. Si è laureato in Ingegneria Elettronica al Politecnico di Bari ed ha prestato servizio quale Ufficiale di Complemento presso la Marina Militare. Ha conseguito il Dottorato di Ricerca in Informatica presso il Dipartimento di Informatica dell'Università degli Studi di Bari Aldo Moro ed è stato docente a contratto presso il Politecnico di Bari - Dipartimento di Ingegneria Gestionale per il corso di Fondamenti di Informatica e presso l'Università degli Studi di Bari Aldo Moro - Dipartimento di Informatica per il corso di Programmazione per il Web. Durante il dottorato ha approfondito lo studio sul Grid Computing redigendo pubblicazioni internazionali. Professionista certificato, dopo aver lavorato 13 anni per InfoCamere S.C.p.A., dal 2014 è impiegato presso l'Autorità Portuale di Taranto.

Contatti dell'autore:

fondamentiinformaticamoderna@gmail.com

it.linkedin.com/in/lucianomanelli

Prefazione

Il presente testo è estrapolato dal libro universitario dell'autore. Il libro nasce da una quindicennale esperienza lavorativa sui sistemi informativi e da esperienze di docenza in corsi universitari e professionali e pertanto si rivolge principalmente al pubblico degli studenti, ma anche a quello dei professionisti quale punto di partenza per chi si addentra nell'ambito dell'informatica e dei sistemi informativi per la prima volta. Con questa ed altre versioni ridotte, pubblicate per gli utenti di Kindle, l'autore si propone di approfondire ambiti specifici, che risultino di supporto alla preparazione di esami universitari o di certificazioni, ovvero di introduzione a particolari aspetti dell'informatica e dei sistemi informativi.

La seguente dissertazione introduce le architetture partendo da quella di un computer, analizzandone gli aspetti hardware e software, giungendo alle reti, ad internet e alle evoluzioni del web 2.0; si passa successivamente all'introduzione dei servizi e dei sistemi distribuiti analizzando Cluster, Grid e Cloud. Si accennano i concetti di business continuity e disaster recovery per poi chiudere con il Codice dell'Amministrazione Digitale e il Sistema di Pubblica Connettività, elementi cardine per interfacciarsi con le Pubbliche Amministrazioni.

Ho sempre pensato e sostenuto che i sogni debbano essere conquistati e spero che la lettura e lo studio del presente testo vada oltre al suo scopo strettamente didattico aprendo prospettive su una realtà in continua evoluzione.

Luciano Manelli, "Fondamenti di Informatica Moderna", ARACNE, 2014.

Indice

1. Introduzione

L'Informatica (=Informazione + Automatica) è una disciplina in continua evoluzione che studia la rappresentazione, il trattamento e l'elaborazione dell'informazione mediante l'uso del calcolatore elettronico. L'informazione è costituita dal risultato di una correlazione di un insieme di dati diversi e, in funzione dei diversi contesti, consente di aumentare la conoscenza, effettuare operazioni e prendere decisioni. Il compito dell'Informatica consiste nell'elaborare dei dati, che si riferiscono ad un determinato problema o evento, per estrarre le informazioni utili alla soluzione e alla gestione del problema stesso. Lo strumento fondamentale su cui si basa l'Informatica è l'elaboratore elettronico (computer). Il computer, di uso ormai pervasivo in tutte le sue forme, tipologie e dimensioni, è un dispositivo elettronico in grado di svolgere qualsiasi compito ricevendo un input (ingresso) di dati e istruzioni e producendo un output (risultato), dopo le opportune elaborazioni. I computer utilizzano il sistema binario per rappresentare l'informazione, ovvero solo due simboli (0 e 1), corrispondenti ai segnali elettrici che possono codificare (a due stati). L'unità elementare di informazione è il *bit* (*binary digit*) e può assumere solo due valori: 0 e 1; questi valori possono essere utilizzati per rappresentare lo stato di un dispositivo digitale (ad esempio 0 rappresenta lo stato OFF / spento e 1 lo stato ON / acceso). L'*half byte* o *nibble*, struttura costituita da quattro bit, è solitamente utilizzata dalle istruzioni che operano su dati interi decimali; il *byte* è una struttura costituita da otto bit; in generale la parola (*word*), formata da un numero intero di byte, è l'unità fondamentale di un calcolatore; infatti il canale di comunicazione fra processore e memoria è dimensionato solitamente sulle parole, i registri sono lunghi una parola e la maggior parte delle operazioni sono eseguite su parole.

Il computer ricopre quindi un ruolo principale nell'ICT (Information and Communication Technology), quale integrazione tra lo studio delle tecnologie dai calcolatori (IT, Information Technology) e quelle che consentono il trattamento e l'accesso alle informazioni mediante le telecomunicazioni. Il computer funziona con la combinazione di due componenti fondamentali, strettamente correlate tra loro, indicate con il nome di Hardware (hard, duro) e

Software (soft, morbido). L'Hardware è l'insieme delle parti materiali (e tangibili) del computer (quali tastiera, mouse, monitor, scheda madre, scheda video), mentre il Software individua la parte logica e i programmi (intangibili). Studiare quindi l'architettura di un elaboratore vuol dire studiare le sue componenti HW e SW e le loro interazioni.

Per completezza, è necessario definire da un lato i Sistemi Informativi come l'insieme di persone, norme e regole, dispositivi tecnologici, processi che permettono ad un'azienda o ad un'Amministrazione Pubblica di disporre delle informazioni necessarie alla propria esistenza e al proprio successo, dall'altro lato i Sistemi Informatici come quella parte dei Sistemi Informativi gestita tramite supporti informatici, ovvero un computer o un insieme di computer, apparati o sistemi elettronici tra loro interconnessi in rete e preposti ad una o più funzionalità o servizi di elaborazione a favore degli utenti. Il personal computer è un esempio di sistema informatico relativamente semplice, complessi sono invece i sistemi informatici aziendali implementati per i servizi di business e logistici interni ed esterni.

Il presente capitolo illustrerà le componenti fondamentali di un computer passando dalle componenti hardware a quelle software. Lo studio verterà quindi sull'analisi delle reti, di Internet, dei Servizi e dei Sistemi Distribuiti per poi chiudersi con un'analisi del Codice dell'Amministrazione Digitale.

2.   Breve storia

La storia del calcolo automatico parte nel 1643 quando Pascal costruisce la "Pascalina", una macchina metallica in grado di eseguire addizione e sottrazione automatica. Segue nel 1673 la macchina calcolatrice di Leibniz in grado di eseguire anche moltiplicazioni e divisioni. Charles Babbage (1791-1871), professore di matematica all'università di Cambridge, progetta diversi tipo di macchine: la macchina differenziale (difference engine) con lo scopo di calcolare i valori di un polinomio di terzo grado e la macchina analitica, programmabile per eseguire ogni genere di calcolo (con input e output). Ada Lovelace è conquistata dal progetto di Babbage e idea i "primi" programmi per la macchina Analitica. Alla prima programmatrice della storia si deve l'idea di loop e di subroutine e l'I/O su schede perforate. Il linguaggio di programmazione ADA deve a lei il nome. Successivamente, Alan Mathison Turing (1912-1954) disegna un automa (dispositivo in grado di eseguire computazioni secondo regole precise di tipo logico-matematico) universale in grado di eseguire una qualsiasi procedura di calcolo (ovvero una serie di operazioni necessarie per risolvere un generico problema in un numero finito di operazioni). L'ENIAC (Electronic Numerical Integrator and Computer), costruito nell'Università della Pennsylvania all'inizio degli anni '40 per scopi militari da J. P. Eckert e J. W. Mauchly, è stato il primo calcolatore digitale elettronico programmabile general purpose. Successivamente, nel 1950, da un'idea di Von Neumann (consulente per la costruzione dell'ENIAC), viene costruito l'EDVAC (Electronic Discrete Variable Computer), derivato dall'ENIAC: perfeziona il concetto di programmabilità, in quanto i programmi sono incorporati nella memoria della macchina e non più inseriti dall'esterno; inoltre utilizza il codice binario per la rappresentazione dell'informazione. Sono due le intuizioni fondamentali: la separazioni tra le funzioni di controllo dell'elaborazione e le funzioni di esecuzione e la necessità di predisporre moduli hardware specifici per ognuna delle funzioni logiche fondamentali (controllo, esecuzione, memorizzazione, e comunicazione).

Il 22 giugno 1948 Bardeen Brattain e Schockley presentano il transistor quale primo passo verso la miniaturizzazione. Il transistor costa e consuma meno delle valvole (usate fino a quel momento), dura di più, ha maggiore velocità e comporta meno manutenzione. Nel 1955 la Bell costruisce il TRADIC, primo elaboratore a transistor. Nel 1957 viene prodotto il primo computer commerciale a transistor: il 2002 della Siemens. Nel 1958 la Texas Instruments costruisce il primo circuito integrato, costituito da un'intera unità elettronica all'interno di una piastrina di silicio. Da quel momento l'integrazione ha permesso di realizzare un numero sempre più crescente di funzioni logiche su un unico chip, passando dagli anni '60 con i circuiti SSI (Small Scale Integration), ai circuiti LSI (Large Scale Integration), ai circuiti VLSI (Very Large Scale Integration), fino agli ULSI (Ultra Large Scale Integration) e portando nel 1971 all'introduzione dall'Intel sul mercato del primo microprocessore e nel 1975 alla comparsa dei primi rudimentali personal computer. Gli attuali circuiti integrati contengono milioni di transistor, anche se la tendenza del nuovo millennio ad aumentare la potenza di calcolo risiede nel parallelismo del multi-core (ovvero la presenza di più nuclei operativi sulla stessa CPU) con le attuali soluzioni dual-core e quad-core. Anche per i grandi sistemi la tendenza è quella dell'elaborazione parallela con il conseguente sviluppo del relativo hardware e software dei "sistemi distribuiti". L'evoluzione delle architetture è stata affiancata anche dall'evoluzione del software che ha consentito, attraverso sistemi operativi sempre più performanti e potenti, ad un numero sempre crescente di persone di poter accedere all'uso del calcolatore, migliorandone l'interazione uomo-macchina.

3.   Classificazione

È possibile effettuare una classificazione dei computer in uso per avere una panoramica di come il calcolo automatico si sia diffuso a tutti i livelli della società odierna. I computer possono essere così suddivisi:

- supercomputer: costosi, con elevata potenza di calcolo, utilizzati per applicazioni che richiedono grosse quantità di calcoli (ad esempio animazione grafica); un supercomputer concentra la potenza di calcolo nell'esecuzione di pochi programmi ottimizzandone la velocità;
- mainframe: computer con funzioni centralizzate di elaborazione dati, utilizzati nelle aziende di grandi dimensioni (banche, istituti finanziari, borse, pubbliche amministrazioni); un mainframe esegue in modo concorrente molti programmi;
- minicomputer: computer di dimensioni medie e potenza inferiore ai mainframe che consentono l'accesso simultaneo a molti utenti (multiutente). È attualmente una tipologia di macchine corrispondente ai sistemi dedicati alle applicazioni aziendali tipo server;

- server: computer ad elevata prestazione ed affidabilità, che forniscono servizi ad un numero elevato di utenti finali (i client);
- microcomputer: computer con un solo microprocessore, di dimensioni ridotte rispetto a mainframe e minicomputer.

A questa classificazione si aggiungo oramai tutti i dispositivi che possono essere assimilati al personal computer, ovvero usati dai singoli utenti per svariati scopi lavorativi e non. È possibile effettuare la seguente suddivisione:
- computer desktop: i personal computer (PC) progettati come dispositivi di differente tipologia e potenza per gli utenti finali ed utilizzati per eseguire applicazioni di elaborazione di testi, foglio elettronico e applicazioni di rete quali l'uso della posta elettronica e la navigazione sul web;
- workstation: computer ad elevate prestazioni, progettati per applicazioni quali animazioni 3D o simulazioni di realtà virtuali;
- dispositivi portatili: computer differenziati in dimensioni, potenza e prestazioni (fondamentalmente grafiche). In questa categoria rientrano i laptop (o notebook), ovvero computer portatili e quindi più leggeri con monitor, tastiera e mouse integrati; i tablet, ovvero computer contenuti in un singolo pannello dal display di tipo touch screen (si interagisce con il computer con le dita o attraverso l'ausilio di una penna); i PDA (Personal Digital Assistant), ovvero computer meno potenti con funzioni ridotte (ad esempio rubrica, calcolatrice, sveglia, browser, navigatore GPS) che presentano una tastiera e/o uno schermo touch-screen. Rientrano in questa categoria anche gli smartphone di ultima generazione che ampliano la sfera di uso comune del telefono possedendo un apposito sistema operativo. Infine è possibile anche considerare in tale categoria i dispositivi di gioco (le console).

4.   Architettura del Calcolatore

L'Informatica ha sviluppato metodologie di analisi e progettazione dei sistemi calcolatori ormai consolidate, anche se in continua evoluzione, consentendo lo sviluppo di sistemi performanti, anche se il modello a cui la maggior parte di essi si ispira è quello proposto da John Von Neumann nel 1946, che rappresenta l'architettura che meglio descrive il comportamento delle componenti di un computer e di seguito schematizzata.

Figura 1. Architettura di Von Neumann

Tale architettura presenta tre fondamentali componenti:

- CPU (Central Processing Unit): rappresenta l'unità di calcolo (ALU - Arithmetic Logic Unit) e controllo (CU - Control Unit);
- memoria centrale;
- unità di ingresso (input) e uscita (output) delle informazioni.

Tutte le componenti sono tra loro interconnesse tramite bus (insieme di linee usato per collegare le componenti di un calcolatore) con lo scopo di svincolare la CPU dagli altri dispositivi e di rendere indipendenti i dispositivi dal sistema in quanto interagiscono autonomamente mediante un controllore connesso al bus. Esistono fondamentalmente due tipologie di bus:

- bus interno (o locale): individua il collegamento tra dispositivi della CPU;
- bus esterno (o di sistema): individua il collegamento della CPU con memoria centrale e unità periferiche.

In base alle funzionalità è inoltre possibile separare tre bus:

- bus dati: bus bidirezionale per trasmettere e ricevere informazioni;

- bus indirizzi: bus unidirezionale per selezionare l'unità con cui comunicare;
- bus controlli: bus per inviare segnali di controllo.

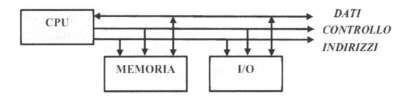

Figura 2. Architettura di Von Neumann e uso dei bus di sistema.

Se si considera un personal computer tutte le componenti si "appoggiano" sulla scheda madre (motherboard) che è il più grande circuito stampato del PC e rappresenta lo scheletro del sistema, raccogliendo la circuiteria elettronica e i collegamenti tra i vari componenti interni.

4.1. CPU e ciclo di istruzione

La Central Process Unit o CPU è l'unità centrale dell'elaboratore che contiene gli elementi circuitali necessari al funzionamento dell'elaboratore stesso. La CPU gestisce tutte le funzioni di elaborazione del calcolatore, eseguendo anche le istruzioni di un programma ed è basata sull'uso fondamentale dei registri. Questi ultimi sono unità di memorizzazione molto veloci e con una capacità ridotta che costituiscono una memoria di supporto per la CPU contenente le istruzioni di controllo necessarie per il suo funzionamento e i risultati temporanei delle elaborazioni. Le unità principali della CPU sono:
- CU (unità di controllo): ha il compito di seguire il flusso delle istruzioni e curarne l'interpretazione e l'esecuzione
- ALU (Arithmetic Logic Unit o unità di elaborazione): ha il compito di eseguire le operazioni aritmetiche o logiche richieste dal CU ed è preposta alla elaborazione dei dati.

- Bus interno e i registri buffer di ingresso/uscita (MAR ed MDR) di interfaccia ai bus esterni.

I registri principali sono:
- IR (Instruction Register): è un registro in cui viene posto il codice operativo dell'istruzione letta dalla memoria. Un programma corrisponde infatti ad una sequenza di istruzioni immagazzinate nella memoria centrale;
- PC (Program Counter): è un registro ad auto-incremento e contiene sempre l'indirizzo della locazione di memoria nella quale è memorizzata la prossima istruzione da eseguire;
- ACC (Accumulator): è il registro destinazione nelle operazioni di lettura dati dalla memoria, ovvero il registro sorgente nelle operazioni di scrittura dati in memoria;
- PSW (Program Status Word): contiene informazioni circa l'esito dell'esecuzione dell'istruzione corrente;
- MAR: Memory Address Register;
- MBR: Memory Buffer Register;
- MDR: Memory Data Register.

Il ciclo di istruzione prevede che la CU prelevi (fase di "fetch") un'istruzione dalla memoria centrale, utilizzando l'indirizzo prelevato dal PC, e che la trasferisca nello IR; successivamente il PC viene incrementato in maniera tale che punti alla successiva istruzione da eseguire. L'istruzione viene quindi decodificata (fase di "decode") nell'IR determinando il tipo di istruzione e l'eventuale uso di operandi: in quest'ultimo caso si determina la loro posizione (indirizzo in memoria) e, se necessario, il loro trasferimento nei registri della ALU ("fetch" degli operandi). Per il trasferimento di dati ed istruzioni vengono usati appositi registri buffer. L'istruzione viene quindi eseguita (fase di "execute"): in presenza di operatori aritmetico/logici, gli operandi vengono inviati alla ALU per eseguire l'operazione. In ultimo i risultati vengono trasferiti in memoria centrale. Il ciclo a tal punto può riprendere processando la nuova istruzione dalla memoria all'indirizzo indicato dal PC incrementato. Nel particolare, i due registri buffer sono uno per gli indirizzi (MAR - Memory Address Register), e uno per i dati (MDR - Memory Data Register). La sorgente del MAR, nel caso di prelievo di un'istruzione, è il contatore di programma (PC) e l'informazione viaggia sul bus interno degli indirizzi: l'istruzione prelevata viene preventivamente memorizzata nel MBR prima di essere allocata nello IR. Il processore deve infatti accedere alla memoria principale per prelevare dati ed istruzioni, generando un indirizzo che è memorizzato nel MAR, registro temporaneo che funge da interfaccia tra il bus indirizzi interno e quello esterno. Il MAR contiene durante la fase di ricerca l'indirizzo dell'istruzione da caricare e durante la fase di esecuzione l'indirizzo della locazione di memoria del dato (o dell'indirizzo) che verrà processato dall'istruzione prelevata. Nelle operazioni di lettura (ovvero di prelievo dati dalla memoria principale), il dato prima di essere trasferito nei registri interni della CPU è memorizzato nello MDR, un altro registro temporaneo, e successivamente processato. Il bus dati (interno ed esterno) è bidirezionale (scrittura e lettura).

Quindi, affinché un computer possa svolgere un compito, deve manipolare i dati in input secondo l'elenco delle istruzioni, fino al raggiungimento della soluzione del problema, estraendoli ed elaborandoli uno alla volta. In particolare, il compito fondamentale dell'unità di controllo è quello di generare e controllare la sequenza di operazioni necessarie per effettuare ogni "ciclo di istruzione" e può essere cablata (ovvero realizzata mediante dispositivi logici in grado di generare la sequenza di segnali di controllo necessari per prelevare ed eseguire ogni istruzione in linguaggio macchina) oppure microprogrammata (ovvero ad ogni istruzione macchina è associato un microprogramma con un insieme di microistruzioni ognuna delle quali è letta ed eseguita in sequenza). La CU microprogrammata è in grado di interpretare microistruzioni per l'esecuzione delle operazioni del ciclo di istruzione. Nella forma più semplice, una microistruzione può essere costituita dalla seguente coppia: codice operativo dell'istruzione ed eventuali operandi (dati o riferimenti a locazioni di memoria), dove il codice operativo indirizza una locazione della memoria di controllo nella quale è registrato l'indirizzo di partenza del corrispondente microprogramma da eseguire.

Nella figura seguente vengono illustrate le operazioni di lettura delle istruzioni e dei relativi dati dalla memoria centrale.

Central Processing Unit

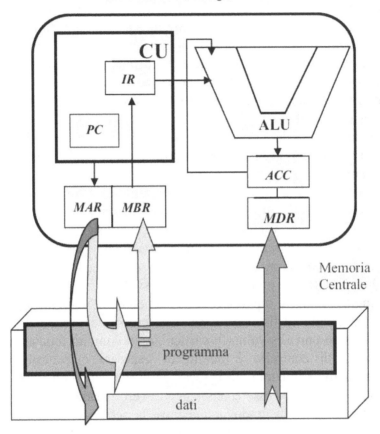

Figura 3. Macchina di Von Neumann: accesso alla memoria e uso registri.

Tutte le operazioni indicate sono sincronizzate da un temporizzatore: il clock, che determina anche la velocità della CPU. La velocità è misurata in Megahertz (MHz) o Gigahertz (GHz): attualmente i processori dei personal computer presentano una frequenza di 3/4 GHz; per problemi di dissipazione del calore si evita di aumentare tale frequenza, aumentando la potenza di calcolo con l'uso dei multi-core.

4.2. Le Memorie

Le memorie sono dispositivi presenti in ogni sistema di elaborazione ed hanno lo scopo di memorizzare dati e/o programmi ed è possibile distinguere varie tipologie di memoria in base ad alcuni principali parametri, alla tipologia di accesso ed alle tecnologie usate per la loro realizzazione.

Le memorie si distinguono e possono essere confrontate in base a parametri di:

- volatilità: la memoria viene cancellata (e le informazioni in essa contenute) quando si spegne il computer mentre le memorie di massa (ad esempio gli hard disk) sono permanenti;
- tempo di accesso: tempo necessario per completare una richiesta di lettura o scrittura;
- velocità di trasferimento: dei dati sia in lettura che in scrittura;
- costo: legato essenzialmente alla tecnologia di costruzione, dipende dalla velocità ed influenza il costo totale in funzione della capacità di memoria complessiva richiesta;
- capacità: numero di unità elementari (byte) di informazione che può essere immagazzinato in memoria.

A tali parametri possono essere aggiunti parametri quali densità di integrazione (legata alla tecnologia di costruzione), potenza dissipata e tipologia di alimentazione.

In particolare, la capacità è espressa in multipli del byte, di seguito indicati:

- kilobyte/kbyte/kb (1.024 byte);
- megabyte/mbyte/mb (1.048.576 byte / 1024 kilobyte);
- gigabyte/gbyte/gb (1.073.741.824 / 1024 megabyte);
- terabyte/tbyte/tb (circa 1.099.511.000.000 byte / 1024 gigabyte);
- petabyte/pbyte/pb (circa 1.125.899.900.000.000 bytes / 1024 terabyte).

Inoltre, le memorie presentano diverse tipologie di accesso:

- RAM (Random Access Memory): rappresenta una memoria ad accesso "random" (casuale) diretto, è volatile e viene utilizzata per l'immagazzinamento momentaneo di dati e istruzioni.
- SAM (Sequential Access Memory): non è volatile e permette solo un accesso sequenziale alle informazioni.
- ROM (Read Only Memory): non è volatile e non può essere utilizzata dall'utente (e dai suoi dati) in quanto su di essa il costruttore del computer memorizza programmi che saranno usati ripetutamente (ad esempio il bootstrap, che rappresenta l'insieme delle istruzioni attivate all'accensione del computer).

In ultimo, è possibile distinguere le memorie in base alle tecnologie per la loro realizzazione (di seguito sinteticamente elencate):
- memorie elettroniche (SRAM, DRAM, ROM, PROM, EPROM, FLASH);
- memorie magnetiche ;
- memorie ottiche.

Basandosi sul principio di località (temporale o spaziale), la memoria di un calcolatore è realizzata come una gerarchia di memorie, in base al fatto che i dati utilizzati più spesso debbano essere conservati nelle memorie più facilmente accessibili, mentre i dati utilizzati più raramente possono essere posti in memorie con tempi di accesso elevati. Quindi un livello superiore della gerarchia (più vicino al processore) contiene un sottoinsieme di informazioni dei livelli inferiori e queste vengono aggiornate solo accedendo tra livelli adiacenti: solo il livello più alto può essere acceduto direttamente dal microprocessore. Di seguito lo schema sintetizza le varie memorie in base alla loro gerarchia: chiaramente se maggiore è la capacità di memoria (Gbyte), maggiore risulterà il tempo di accesso e, viceversa, minore è la capacità di memoria (dell'orine dei byte contenuti nella parola/word base della CPU) minore sarà il tempo di accesso (nanosecondi).

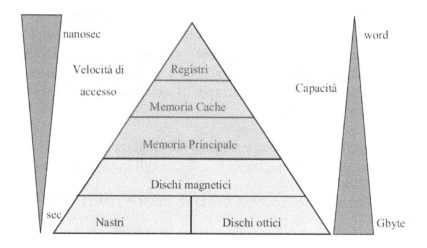

Figura 4. Gerarchia delle memorie.

Nel dettaglio è possibile distinguere le seguenti memorie, che possono essere ulteriormente suddivise in memoria primaria (veloce, costosa e legata ai primi tre livelli della piramide) e memoria secondaria (i livelli sottostanti):

- registri: memorie volatili ad altissima velocità (nanosecondi), locali al processore e piccole (la dimensione di un registro è una parola di n bit: 8, 16, 32, 64 bit);
- memoria cache: memoria piccola e veloce usata per compensare la differenza di velocità tra CPU e memoria centrale; la prima volta che il microprocessore carica dei dati dalla memoria centrale, questi sono caricati anche sulla cache, in modo tale che, successivamente i dati vengano letti dalla cache e non dalla memoria centrale più lenta; le cache possono essere a più livelli in cascata;
- memoria centrale: memoria che contiene i programmi in esecuzione e i dati accessibili dal ciclo di istruzione. È composta da un insieme di locazioni (celle), ognuna delle quali può memorizzare parte delle informazioni. È una memoria RAM, veloce e volatile, con dimensioni dell'ordine delle centinaia di MByte o GByte;
- memorie di massa: memorie non volatili contenenti tutte le informazioni che l'utente "salva" (ovvero vuole

conservare in maniera permanente); si differenziano tra loro per tecnologia costruttiva, capacità, velocità, modalità e tempo di accesso ai dati e possono essere interne o esterne, rimovibili e non. Rispetto alla memoria centrale hanno un tempo di accesso maggiore e una maggiore capacità.

Tra le memorie di massa è possibile distinguere
- le memorie magnetiche: i dischi (gli hard disk), i floppy disk e i nastri;
- le memorie ottiche: CD ROM, CD RW, DVD.

I dischi magnetici, noti comunemente con il nome di hard disk sono supporti di materiale sulle cui facce è applicato uno particolare strato di ossidi magnetici che vengono magnetizzati quando l'informazione viene scritta. L'informazione è memorizzata in tracce (cerchi concentrici) ed ogni traccia è divisa in diversi settori, ogni settore contiene un blocco di dati predefinito. Per i floppy disk e gli hard disk un motore elettrico imprime un movimento rotatorio intorno ad un asse centrale ed una testina di lettura si sposta radialmente accedendo all'intera superficie e consentendo l'accesso ai dati. Per aumentare la capacità di un HD si possono usare più dischi sovrapposti (pila di dischi) i quali ruotano su sé stessi a velocità costante. Le macchine con funzionalità server (dedicata a fornire servizi ad altre utenze) hanno la necessità di prevenire eventuali guasti anche ai dischi: in tal caso si utilizzano controller RAID (Redundant Array of Inexpensive Disks) SCSI (Small Computer Standard Interface), più costosi ma con prestazioni migliori: la tecnologia SCSI per gli hard disk è quella migliore, il controller RAID (su almeno tre dischi) garantisce la ridondanza sui dischi, quindi la continuità di funzionamento in caso di rottura di un'unità disco. È inoltre disponibile l'opzione "HotSwap" che permette la sostituzione del disco fisso a macchina accesa. Di seguito è schematizzata la struttura di un hard disk.

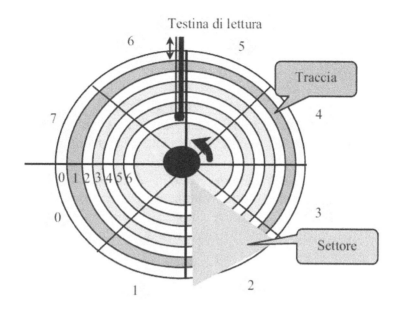

Figura 5. Struttura di un hard disk.

I dischetti o floppy disk sono dischi magnetizzabili, flessibili protetti da un rivestimento di plastica. Ormai obsoleti, il loro funzionamento è molto simile a quello dei dischi magnetici ma con capacità di memoria molto più ridotta.

I nastri (tape) sono memorie ad accesso sequenziale usati per effettuare copie di riserva (backup) di grandi archivi, anche se ultimamente sono stati sostituiti dai dischi ottici. Sono costituiti da una lunga striscia di materiale plastico sulla quale è applicata uno strato di ossidi magnetici, su cui memorizzare l'informazione.

I CD-ROM sono memorie che utilizzano la tecnologia ottica per la registrazione e la lettura dei dati e possono essere di sola lettura o di tipo riscrivibile (RW). Sono costituiti da un disco in lega metallica (alluminio) racchiusi da uno strato trasparente di policarbonato, sul quale vengono impresse le informazioni in fase di registrazione con l'ausilio di un raggio laser. I lettori per CD, si distinguono tra loro per la velocità di rotazione che possono imprimere ai CD rispetto a quella (1x) dei lettori per CD audio. I principali tipi di CD-ROM sono:

- CD-ROM (Compact Disk Read Only Memory): memorie a sola lettura;

- CD-WORM (CD Write Once Read Many): CD-ROM registrabili;
- CD-RW (CD ReWritable): CD-ROM riscrivibili più volte.

I DVD (Digital Versatile Disk) rispetto ai CD hanno una capacità di memorizzazione anche sino a 17 Gigabyte: i bit sono impacchettati più fittamente e presentano una doppia faccia di lettura.

In ultimo la flash memory (quella utilizzata nelle "chiavette USB") è una memoria non volatile, che può essere usata come memoria a lettura-scrittura, dove le informazioni vengono registrate in un array di transistor chiamati "celle".

4.3. Le unità di Input / Output

Le unità di I/O non fanno parte del modulo base, ma sono collegate alla scheda madre tramite cavi connettori collegati alle "porte" che permettono la comunicazione dell'elaboratore con le varie periferiche. Le principali porte sono:
- Porta PS/2 Mouse;
- Porta PS/2 Tastiera;
- Porta seriale;
- Porta parallela;
- Porta di Rete (LAN);
- Porta FireWire;
- Porta video (VGA);
- Porta USB.

La porta PS/2 serve per il collegamento del mouse e della tastiera e viene usata come alternativa alla porta USB. Una porta si dice seriale (tipo RS232) se i bit che costituiscono l'informazione sono trasmessi uno alla volta su di un solo canale, si dice parallela (tipo LPT) se i dati sono trasmessi contemporaneamente su più canali, per esempio 8, 16 o 32. Le porte di rete (tipo RJ45) servono per collegare il computer alla rete locale domestica o aziendale. La porta FireWire consente di collegare periferiche ad alta velocità come le videocamere digitali, garantendo una notevole ampiezza di banda. La porta VGA (Video Graphics Array) supporta un tipo di cavo obsoleto e caratterizzato dal poter veicolare solo un segnale video di tipo analogico, rendendolo quindi compatibile con monitor e schede video datate. L'Universal Serial Bus (USB) è uno standard di comunicazione seriale che consente di collegare diverse periferiche. Le porte sono dotate del supporto del Plug and play (capacità di connessione senza una necessaria procedura di installazione o configurazione da parte dell'utente) e supportano i dispositivi hot swap (collegamento e/o lo scollegamento di un dispositivo anche a sistema avviato). Sono presenti varie versioni in base alla velocità di trasferimento, l'ultima versione (USB 3.0) è in grado di trasferire dati dieci volte più velocemente della versione precedente (USB 2.0) con una velocità di trasferimento di 4,8 Gbit/s (l'equivalente di circa 600 MB/s), contro gli attuali 480 Mbit/s (l'equivalente di circa 60 MB/s).

Ad ogni unità di I/O è associata un controllore che governa il dispositivo e gestisce l'accesso al bus. In alcuni casi il controllore può scrivere direttamente in memoria senza il supporto della CPU, in tal caso si parla di DMA (Direct Memory Access).

Tra le periferiche più diffuse è possibile ritrovare:

- tastiera: dispositivo di ingresso e consente all'elaboratore di acquisire dati dall'utente immessi come sequenze di caratteri;
- mouse: dispositivo di ingresso di puntamento sul monitor e può essere utilizzato come integrazione della tastiera per eseguire una o più azioni;
- trackball: dispositivo di ingresso di puntamento simile al mouse, caratterizzato da una sfera che ruotata permette lo spostamento del puntatore sullo schermo;
- touchpad: dispositivo di ingresso di puntamento con le medesime funzionalità del mouse, presente solitamente nei computer portatili, capta il movimento del dito dell'utente sulla sua superficie liscia;
- joystick: è un dispositivo di ingresso munito di una leva (e pulsanti) manovrata dall'utente i cui movimenti permettono di controllare un programma, un'apparecchiatura o un videogioco;

- scanner: è un dispositivo di ingresso che consente l'acquisizione di immagini e testi da una superficie piana generando il relativo documento digitale;
- penna ottica: è un dispositivo di ingresso di forma simile a una penna, utilizzato come puntatore su uno schermo;
- lettore di codice a barre: dispositivo di ingresso capace di leggere simboli rappresentati da sequenze di linee verticali;
- microfono: dispositivo di ingresso capace di acquisire i suoni, generando il relativo elemento multimediale;
- monitor: dispositivo di uscita simile ad un televisore che serve per l'interazione con l'utente, che consente di visualizzare i dati immessi e i risultati ottenuti, visualizzando, ad esempio, i caratteri digitati da tastiera, le immagini, i video o gli applicativi;
- stampante: dispositivo di uscita che permette di ottenere una visualizzazione su carta delle elaborazioni del computer;
- plotter: dispositivo di uscita simile alla stampante per riprodurre le grafici su fogli di grandi dimensioni;
- proiettori;
- casse, altoparlanti e cuffie: dispositivi di uscita utilizzati per l'ascolto in applicazioni multimediali.
- modem/router: dispositivo di ingresso/uscita per la comunicazione tra elaboratori su linea telefonica;
- monitor touch screen: è un dispositivo costituito da uno schermo (uscita) ed un sistema digitale per il riconoscimento del tatto con le dita o con una penna stilo per permettere all'utente di interagire con l'interfaccia;
- LIM (lavagna interattiva multimediale): è un sistema composto di ingresso/uscita che, in ambito didattico, ma anche aziendale, rappresenta una risorsa innovativa ed è fondamentalmente caratterizzato da una superficie interattiva touch screen su cui è possibile scrivere, disegnare, visualizzare, riprodurre contenuti elaborati e digitalizzati grazie a un software dedicato. Il sistema è costituito da un computer con il software appropriato e proprietario, un videoproiettore, una lavagna interattiva. Questa tecnologia emergente rappresenta il sostituto delle

varie lavagne di ardesia e di plastica, in quanto all'interazione si aggiunge la multimedialità e la possibilità di salvare in maniera semplice ciò che è stato appuntato (si immagini una lezione universitaria o una riunione di lavoro).

4.4. Gli interrupt

I computer funzionano in maniera tale che altri moduli possano interrompere l'elaborazione normale del processore attraverso degli *interrupt* (interruzioni). La loro funzione è fondamentalmente quella di migliorare l'efficienza dell'elaborazione in quanto molti dispositivi (di I/O o di memoria) sono più lenti del processore, conseguentemente, affinché un processore non si metta in pausa, in attesa di un rientro (ad esempio l'invio di una stampa), tale meccanismo permette il normale proseguo delle attività di elaborazione, recuperando del tempo che altrimenti risulterebbe dispendioso per il computer. Le interruzioni sono principalmente dovute ad eventi prodotti da un programma legati ad errori o situazioni anomale durante l'esecuzione delle istruzioni (ad esempio una divisione per zero), o a eventi prodotti dal timer del processore (che, ad esempio, permettono al processore di effettuare ad intervalli regolari determinate operazioni), o a eventi generati da un controller di un dispositivo di input/output (ad esempio nel caso di trasferimenti di dati tra dispositivi), o, in ultimo, a problemi hardware (ad esempio una caduta di tensione). Il sistema deve poter garantire che il verificarsi di una interruzione non provochi interferenze sul programma che viene interrotto, deve saper identificare l'interruzione al fine di selezionare ed attivare la routine di servizio ad essa associata e, in ultimo, deve poter gestire la priorità delle richieste di interruzione, per i conflitti da interruzioni generate da diversi dispositivi (ad esempio un accesso contemporaneo di due processi alla stampante). Quando un'interruzione deve essere gestita, il processore interrompe il programma in esecuzione, salvandone lo stato attuale, e disabilita altri interrupt, successivamente esegue la procedura di servizio associata all'interrupt e, in ultimo, ripristina l'esecuzione del programma interrotto, riabilitando gli altri interrupt. Tra i principali tipi di interruzione è possibile individuare interrupt interni o sincroni quali *trap* (interruzione generata alla conclusione della esecuzione di una istruzione), *fault* (interrupt generato durante l'esecuzione dell'istruzione), *abort* (come il fault, ma non recuperabile) e *tracing* (quando l'istruzione genera una eccezione subito dopo la sua esecuzione); e interrupt esterni o asincroni quali *bus error* (dovuto ad esempio ad una violazione di protezione di memoria e *reset* (ad esempio una caduta di alimentazione che provoca il blocco del processore).

5. Software di Sistema e Software Applicativi

Il software rappresenta la parte intangibile dell'elaboratore quale insieme di dati e programmi, e quindi istruzioni che il computer deve eseguire per svolgere un compito. Il software è classificabile in:
- software di sistema;
- software applicativo.

Il software di sistema garantisce le funzioni base che consentono il funzionamento dell'elaboratore e comprende una serie di programmi che permettono al computer di avviarsi e di svolgere alcune funzioni di autocontrollo quali, ad esempio, la verifica che le periferiche necessarie siano in funzione e l'allocazione ottimale della memoria. Del Software di sistema fa parte il Sistema Operativo (S.O.), ovvero l'insieme di programmi che permettono il governo di un elaboratore. Al software di sistema appartengono anche le utilities (programmi di utilità), che svolgono le funzioni richieste nel corso di un processo elaborativo (ad esempio il salvataggio periodico di dati in corso di elaborazione).

Il software applicativo è l'insieme dei programmi non compresi nel sistema operativo, usati dall'utente per svolgere compiti specifici. Può essere distinto in software standard (un elaboratore di testi) e software dedicato che viene sviluppato in base alle esigenze di uno specifico utente o di un'azienda, e adottato in altri reparti o realtà aziendali solo a seguito di sostanziali modifiche.

A parte questa macro classificazione, esistono altre tipologie di software, tra cui il software real-time (software dedicato ad esempio alla sorveglianza, quindi interagente con vari dispositivi), il software gestionale (elabora dati e processi gestionali), il software scientifico, il software adottato in realtà particolari quali l'intelligenza artificiale (che si basa, ad esempio, sulle reti neurali), i software embedded (programmi che risiedono in dispositivi industriali), in ultimo i software di ausilio (di supporto ai programmatori nello sviluppo applicazioni, composto da editor, traduttori, debugger e altre utility solitamente integrati in ambienti unici).

5.1. Sistema Operativo

Il sistema operativo (S.O.) è il software di sistema dell'elaboratore e in quanto tale rende possibile la gestione, l'elaborazione e l'immagazzinamento dell'informazione quale interfaccia tra gli utenti e il sistema. Il S.O. si è evoluto negli anni passando dai sistemi monoprogrammati, in cui la CPU era dedicata all'esecuzione di un solo programma (con tempi morti dovuti all'attesa di un eventuale input), ai sistemi multiprogrammati in cui era possibile eseguire più programmi (sfruttando i tempi di attesa della CPU), ai sistemi time-sharing (con una suddivisione del tempo di CPU tra diversi programmi in esecuzione), per giungere agli attuali Sistemi Operativi stratificati multitasking con molte componenti middleware (insieme di software intermedi atti alla gestione e al supporto delle applicazioni a diversi livelli).

Il sistema operativo è quindi un modulo software costituito da un insieme di programmi che sono di supporto all'utente (permettendo l'uso dell'elaboratore a tutti gli utenti che non hanno necessariamente una conoscenza approfondita dell'hardware) e gestori delle risorse (realizzando l'integrazione, l'ottimizzazione e la sincronizzazione della comunicazioni tra le componenti hardware). I parametri principali per determinare le prestazioni del sistema operativo sono:

- turnaround time (Tta): parametro che individua il tempo che passa tra l'ingresso dei dati e la produzione dell'output;

- throughput: parametro proporzionale al numero di lavori (task) eseguiti dal sistema nell'unità di tempo ΔT ed individua il carico del sistema;
- overhead di gestione: parametro proporzionale al tempo di CPU utilizzato dal S.O. per eseguire il compito di gestione dei moduli software che lo compongono, rappresenta ovvero il tempo di CPU non realmente utile all'utente.

Quindi un sistema efficiente avrà un throughput elevato, un turnaround time basso e un overhead gestionale basso.

Il S.O. coordina l'accesso alle risorse da parte degli utenti e del software applicativo e quindi può essere visto come un gestore:
- Gestore dei processi;
- Gestore della memoria centrale;
- Gestore dei file (file system) su memorie di massa (esterne);
- Gestore delle periferiche (I/O);
- Gestore dell'utente e della relativa interfaccia.

È possibile ricondurre all'immagine sottostante la gestione da parte del sistema operativo.

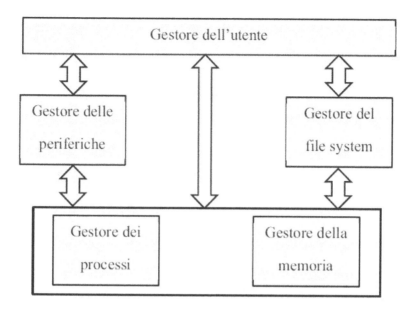

Figura 6. Il Sistema Operativo quale gestore delle risorse del computer.

Il SO è costituito da un punto di vista funzionale come la combinazione di un insieme di processi di servizio e di un gestore, detto nucleo (kernel), che opera come sistema di controllo dei processi. Inoltre è possibile distinguere due modelli organizzativi di riferimento: il modello monolitico (costituito da un unico modulo che serve le richieste dei programmi-utente uno alla volta) e il modello a strati (costituito da più moduli, ciascuno dei quali svolge specifiche funzioni, ed ogni modulo può servire le richieste di più programmi-utente).

Il *gestore dei processi* è il modulo che si occupa di controllare la sincronizzazione, l'interruzione e la riattivazione dei programmi (e dei processi) in esecuzione in cui viene assegnato un processore. Un processo individua un programma in esecuzione e, in quanto tale, necessita di alcune risorse per assolvere il proprio compito quali tempo di CPU, memoria, file e dispositivi di I/O. Il SO esegue vari programmi presenti contemporaneamente in memoria centrale ed è quindi responsabile della creazione e cancellazione di processi, della sospensione e riattivazione di processi e fornisce meccanismi per sincronizzare i processi e far comunicare i processi tra loro. Il programma che si occupa della distribuzione del tempo di CPU tra i vari processi attivi, decidendone l'alternanza e l'esecuzione, è lo *Scheduler*. L'esecuzione di un processo prevede i seguenti stadi:

- new: il processo viene creato (solitamente quando si "fa girare" un programma);
- running: le istruzioni del programma vengono eseguite in quanto il processore è stato assegnato al processo;
- waiting: il processo è in attesa in attesa di qualche evento (quale un'operazione di I/O);
- ready: il processo è in attesa di essere assegnato al o ad un processore;
- terminated: il processo ha finito l'esecuzione.

Il *gestore della memoria* è il modulo che si occupa di assegnare la memoria ai vari processi e deallocare la memoria assegnata, amministrare gli scambi tra memoria primaria e secondaria (swapping), allorquando la prima non è in grado di contenere i processi, in ultimo tenere traccia di quali parti della memoria sono attualmente in uso e risulta uno degli aspetti più critici nel disegno di un S.O. Quindi lo scopo fondamentale di un S.O. è riuscire a gestire un gran numero di processi in memoria, riducendo al minimo lo swapping con la memoria secondaria.

La posizione di un programma in memoria è noto solo nel momento in cui viene "allocato" (caricato) in memoria, ossia quando viene trasferito dalla memoria secondaria. L'allocazione quindi riserva ai programmi la quantità di memoria necessaria. Solitamente la memoria principale viene suddivisa in due partizioni: in una viene memorizzato il S.O. e nell'altra vengono memorizzati i programmi degli utenti. Il S.O. deve conoscere il punto di inizio del programma (caricato in un registro speciale chiamato registro base) e occuparsi di tutti i riferimenti interni al programma. Tutti gli indirizzi all'interno del programma (indirizzi virtuali o logici) fanno riferimento al registro base. Quando il programma viene allocato in memoria, gli indirizzi logici sono trasformati in indirizzi fisici, ovvero indirizzi reali di memoria: questo avviene con il supporto della MMU (Memory Management Unit), che è un dispositivo hardware atto a trasformare l'indirizzo virtuale nell'indirizzo fisico, riducendo conseguentemente anche il carico della CPU. Tale processo prende il nome di "rilocazione".

La rilocazione, ovvero la traduzione degli indirizzi e delle istruzioni dello spazio indirizzabile in locazioni di memoria centrale, può avvenire in tre modalità differenti:

- rilocazione assoluta: ovvero prima che il programma sia caricato in memoria centrale;
- rilocazione statica: ovvero quando il programma viene caricato in memoria;
- rilocazione dinamica: ovvero durante l'esecuzione del programma.

Obiettivo del gestore della memoria è allocare lo spazio in maniera ottimale. In primis è necessario comprendere dove poter allocare i processi dell'utente considerato che in memoria sono sempre presenti e sparsi degli spazi vuoti (*hole*) di diverse dimensioni tra programmi differenti e differentemente memorizzati nello spazio fisico. Per conoscere dove allocare al meglio un nuovo processo utente esistono differenti metodi:

- first–fit: si alloca il primo hole grande abbastanza da contenere il programma;
- best–fit: si alloca il più piccolo hole che possa contenere il processo;
- worst–fit: si alloca il più grande hole.

Negli ultimi due casi è necessario ricercare su tutta la lista degli hole.

Inoltre, la presenza di vuoti di memoria inutilizzata genera il fenomeno di "frammentazione" che deve può essere eventualmente risolta. La frammentazione è di due tipi:

- frammentazione esterna: quando è complessivamente disponibile lo spazio per allocare un programma, ma tal spazio non è contiguo;
- frammentazione interna: quando la memoria allocata è leggermente maggiore della memoria richiesta (qualche byte di differenza) dalla esatta dimensione del programma. Questa differenza di dimensioni è memoria

interna (inutilizzata) relativa alla partizione dove viene memorizzato il programma.

Si può ridurre la frammentazione esterna con la compattazione (o deframmentazione). Tale funzionalità sposta i contenuti della memoria per avere tutta la memoria libera insieme in un unico grande blocco. La compattazione è possibile solo con la rilocazione dinamica e viene effettuata nel momento dell'esecuzione (execution time).

Procedendo gradualmente si cerca di valutare di seguito come poter al meglio allocare la memoria. Si parte dai sistemi uniprogrammati (viene caricato un programma per volta) con un'area di memoria limitata (e piccola) e una conseguente allocazione della memoria di tipo sequenziale, consistente nel suddividere l'area di lavoro in due parti (una riservata al S. O. e l'altra assegnata al programma utente). In tali ipotesi il programma viene suddiviso in blocchi, ciascuno dei quali contiene una entità logica indipendente (subroutine) che può venire caricata al momento del suo utilizzo e rilasciata subito dopo, mantenendo in memoria solo quelle istruzioni e quei dati che vengono richiesti ad un dato istante. Questa modalità di funzionamento viene chiamata "overlay" e viene utilizzata quando un processo è più grande della memoria che potrebbe essere allocata. I sistemi multiprogrammati prevedono un partizionamento della memoria fisica, che viene suddivisa in un certo numero di aree (partizioni) di dimensioni prefissate, ciascuna delle quali può essere assegnata separatamente ad un programma (o ai dati). Tali partizioni possono essere create prima che i vari programmi vengano caricati in memoria (caso di partizionamento statico) o all'atto del caricamento dei programmi (caso di partizionamento dinamico). In entrambi i casi l'utilizzazione di memoria risulta inefficiente. Infatti in caso di partizione statica un programma trasferito in memoria ha una sua dimensione e viene inserito in una partizione di dimensioni quasi sempre maggiori: questo implica che parte della memoria non viene usata: si genera quindi frammentazione interna. Il partizionamento dinamico elimina il problema della frammentazione interna in quanto ad ogni processo viene allocato esattamente lo spazio di memoria richiesto, ma genera il fenomeno di frammentazione esterna, in quanto la memoria nel tempo comincia ad avere tanti piccoli buchi poiché il SO deve scegliere sempre un'allocazione di dimensione tale da poter inserire il nuovo processo.

Si supponga, a tal punto, che la memoria principale sia partizionata in blocchi relativamente piccoli di uguale dimensione fissa (solitamente da 1 a 4 KB) e che ogni processo sia a sua volta diviso in piccoli "pacchetti" della medesima dimensione. Il pacchetto di un processo (pagina) viene assegnato al blocco di memoria disponibile (frame o page frame). Ovviamente per rilocare in memoria i programmi, in tal caso, non basterà più solo il registro base, ma sarà necessaria una tabella in cui salvare per ogni indirizzo logico sia il numero di pagina che un offset dentro la pagina (che verrà combinato con l'indirizzo di base per definire l'indirizzo fisico di memoria). Questa nuova metodologia prende il nome di "paginazione". In tal caso le "partizioni" sono abbastanza piccole, in quanto non devono contenere un processo intero e questo permette di eliminare la frammentazione interna (limitata ad una porzione dell'ultima pagina del processo), inoltre un programma può occupare più partizioni non necessariamente contigue. In alternativa alla paginazione, un programma utente può anche essere suddiviso tramite la "segmentazione": in questo caso i programmi e i dati ad esso associati sono divisi in un certo numero di segmenti di lunghezza variabile e contengono ciascuno un elemento di informazione omogenea. Anche in tal caso si avrà un numero di segmento e il relativo offset. L'uso di tale tecnica si presta alla protezione dei programmi in quanto è possibile delimitare l'area di operatività di un processo e alla condivisione dei processi in quanto è possibile stabilire un'area di accessibilità dei processi.

Per ovviare la possibilità che un processo risulti più grande della memoria principale fisicamente allocata e per aumentare l'efficienza del processore, mantenendo più processi in memoria ed eliminando tutte le restrizioni sulla dimensione di un programma, è stato introdotto, implementato ed attualmente usato, il concetto di "memoria virtuale". Ovvero non viene più considerata la stretta aderenza tra mappatura logica e fisica della memoria e, se, durante l'esecuzione di un programma, vien fatto riferimento ad un indirizzo logico non presente in memoria centrale (e quindi non presente nello spazio degli indirizzi fisici effettivamente allocati), il processore genera un'interruzione (che nel caso di paginazione prende il nome di page fault), che indica un fallimento dell'accesso in memoria, conseguentemente il S.O. effettua una nuova richiesta di lettura da disco, sostituendo con opportuni algoritmi una locazione di memoria centrale. In tal caso nella tavola dei descrittori delle pagine è inserito un ulteriore flag che indica se la pagina è in memoria centrale (1) ovvero non è presente (0), e l'indirizzo sulla memoria secondaria per recuperare la pagina. Il SO, con l'intervento della MMU libera lo spazio in memoria, trasferisce la pagina richiesta dal disco alla memoria e aggiorna la page table con l'indirizzo fisico della pagina appena trasferita. In ultimo è possibile un approccio misto tra segmentazione e paginazione, dove ogni segmento è diviso in pagine di dimensione fissa ed è dotato di una page table, conseguentemente il numero del segmento permette l'accesso alla tabella del segmento e dalla tabella dei segmenti si ricava l'indirizzo base della page table del segmento stesso

Il *gestore del file system* è il modulo che si occupa di gestire le informazioni memorizzate sui dispositivi di memoria di massa e deve garantire la correttezza e la coerenza delle informazioni. Le funzioni tipiche che deve svolgere sono:
- fornire un meccanismo per l'identificazione dei file;
- fornire opportuni metodi per accedere ai dati;
- implementare meccanismi di protezione dei dati.

Il gestore del file system realizza i concetti di:
- file: unità logica di memorizzazione;
- directory: insieme di file (e directory);
- partizione: insieme di file associato ad un particolare dispositivo fisico (o porzione di esso).

Le caratteristiche di file, directory e partizione sono indipendenti dalla natura e dal tipo di dispositivo utilizzato. In ultimo, quasi tutti i sistemi operativi utilizzano un'organizzazione gerarchica del file system, dove l'elemento utilizzato per raggruppare più file insieme è la directory e l'insieme gerarchico delle directory e dei file può essere rappresentato attraverso un grafo (grafico orientato) delle directory, come indicato di seguito.

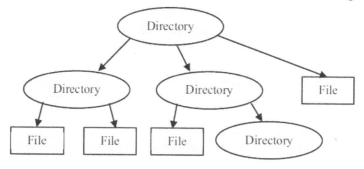

Figura 7. Gerarchia di directory e file.

In una directory di dispositivo sono contenute tutte le informazioni utili alla sua identificazione e dei suoi elementi quali nome, indirizzo, massima lunghezza, data ultima modifica, informazioni di protezione, tipo, data ultimo accesso.

Un file è di solito composto da una sequenza di blocchi. Il file system deve fondamentalmente tenere traccia dei blocchi occupati da ciascun file e la relativa tecnica di gestione è legata al tipo di sistema operativo. Ad esempio negli ambienti Microsoft ad ogni disco è associata una tabella di allocazione dei File indicata con il nome di FAT (File Allocation Table), contenente un elemento per ogni blocco del disco, mentre negli ambienti Linux ad ogni disco è associata un layout che descrive il contenuto in termini di blocchi, superblocchi ed i-node. Il *journaling* (presente in alcune versioni di file system) è una tecnica che consente di tenere traccia delle modifiche effettuate sui file o sulle directory in un'area riservata del file system (journal), e consente di ripristinare velocemente il File System in caso di problemi del sistema.

Una directory è un file come tutti gli altri, con l'unica differenza che i dati in esso contenuti sono le informazioni sui files nella directory, e viene pertanto gestito in modo particolare dal file system.

Il *gestore dei dispositivi di I/O* è il modulo che si occupa di assegnare i dispositivi ai processi che ne fanno richiesta (ad esempio l'invio di una stampa ad una stampante) e di controllare i dispositivi stessi. Il controllo dei dispositivi di I/O avviene attraverso programmi indicati con il termine *device driver*, che rendono trasparenti le caratteristiche fisiche di ogni dispositivo, gestiscono la comunicazione e i conflitti (nel caso in cui due o più processi provino ad accedere contemporaneamente allo medesimo dispositivo).

In ultimo, il *gestore dell'interfaccia utente* è il modulo che si occupa dell'utilizzo del sistema da parte degli utenti. L'interfaccia può essere

- testuale: in tal caso il S.O. interpreta ed esegue i comandi scritti dall'utente;
- grafica: principalmente di tipo windows-oriented (a finestre), in cui l'uso dei disegni rende più intuitivo ed immediato l'uso del calcolatore.

5.2. Il software applicativo

Il Software applicativo può essere classificato in:

- software "general purpose": individua il software per l'automazione d'ufficio, il publishing o la multimedialità;
- software "special purpose": individua il software per funzioni specifiche, come, ad esempio, la gestione di magazzini, la fatturazione, l'anagrafe.

I software applicativi più diffusi sono:

- elaboratore testi: programma di videoscrittura che consente di creare e salvare un testo su file;
- foglio elettronico: programma per gestire ed elaborare dati numerici con l'ausilio di tabelle e grafici,
- database: programma per gestire archivi di grandi dimensioni;
- programmi multimediali: programmi per presentazioni o editoria;
- i pacchetti grafici per la realizzazione di disegni sia tecnici (CAD) che pittorici;
- programmi per la compressione dei file;

- i programmi antivirus;
- i programmi di posta elettronica.

Un programma applicativo può essere considerato come un sistema caratterizzato da tre componenti: una componente di interfaccia utente, una componente di logica applicativa, e una componente di gestione e memorizzazione dati. L'utente ha solo conoscenza della prima componente (interfaccia) relativamente al suo interesse applicativo e può essere di tipo testuale o grafico.

6. Reti

L'evoluzione delle ICT ha rappresentato una rivoluzione per aziende e persone e oramai l'acquisto di un computer, di un tablet o di un cellulare è legato all'acceso su internet, la "rete", ovvero un insieme di reti sparse in tutto il mondo che collegano aziende, agenzie governative e singoli utenti. A livello aziendale, si è pian piano abbandonata l'idea di un'unica unità centrale che gestisce gli archivi e gli applicativi comuni ed il collegamento con i vari terminali, in ultimo, molte delle elaborazioni sono state trasferite sui computer locali e distribuiti su ogni utente riducendo il tempo e la banda di trasmissione e quindi i costi. Un sistema di elaborazione distribuito presenterà quindi più unità centrali collegate in rete con una minore quantità di dati trasmessi, un tempo di risposta inferiore, una maggiore capacità elaborativa e gestione dei guasti. Una rete è quindi rappresentabile con un grafo formato da nodi di connessione, archi e punti terminali, in cui è possibile individuare la rete degli utenti, la rete degli elaboratori e la rete delle comunicazioni costituite dall'insieme delle linee di trasmissione che effettuano il collegamento tra i terminali, sia cablate con cavi che wireless.

Le reti possono avere dimensioni differenti, variando da semplici reti costituite da due computer a reti che connettono milioni di dispositivi. La comunicazione su una rete è più efficiente e meno costosa di altre forme di comunicazione (posta o chiamate telefoniche) a grande distanza. La comunicazione avviene in formato digitale, in quanto i segnali digitali sono facilmente memorizzabili, rielaborabili e trasmissibili, garantendo al contempo la loro conservazione nel tempo e nello spazio, a differenza dei segnali di tipo analogico, la cui gestione comporta dispendi di energia e di spazio, con poche garanzie sull'integrità delle informazioni. Mentre un segnale analogico è molto sensibile ai disturbi del mezzo trasmissivo, subendo di per sé un'attenuazione causata dalle caratteristiche fisiche del mezzo stesso, i segnali digitali sono perfettamente rigenerabili senza perdita alcuna, malgrado il perdurare delle attenuazioni in fase trasmissiva.

Per trasmettere questo universo di informazioni attraverso le reti dati, internet compresa, si utilizza una tecnica trasmissiva detta commutazione di pacchetto. Conseguentemente, le lunghe sequenze di bit che compongono ad esempio una foto che si desidera postare su Facebook, devono essere scomposte in gruppi, inglobate in oggetti detti "pacchetti", rappresentabili come buste per lettere, e quindi inviate sulla rete. Ad oggi, questo meccanismo è la base del funzionamento di tutte le reti informatiche, internet compresa, ed il suo funzionamento è regolato fondamentalmente dalla coppia di protocolli di comunicazione detti TCP/IP (Trasmission Control Protocol/Internet Protocol).

Si definisce una "rete" un gruppo di host o nodi (computer e dispositivi di rete quali Hub, Switch, Router) collegati tra loro per comunicare. Si definisce una "risorsa" un'entità che fornisce un servizio (ad esempio una stampante fornisce un servizio di stampa, oppure un disco rigido un servizio di archiviazione). È possibile distinguere quattro classi di componenti di rete:

- host: inviano e ricevono il traffico sulla rete (e vanno dal computer utente ad uno smartphone);
- periferiche: connessi ad un host per eseguire le operazioni di rete (quali scanner e stampanti);
- dispositivi di rete: apparati che connettono altri dispositivi (hub, gli switch e i router);
- mezzi di comunicazione: forniscono la connessione tra host e dispositivi di rete (dal doppino telefonico alla fibra ai collegamenti wireless satellitari o bluetooth).

Le caratteristiche fondamentali di una rete sono controllo e sincronizzazione, affidabilità e compatibilità, compressione di dati, velocità e sicurezza. Il server è un computer in rete che offre servizi ad altri computer client, dove il client è un computer su cui l'utente lavora e necessita dei server per usare risorse o eccedere a servizi. È possibile individuare alcune principali categorie di server che si specializzano in modo da soddisfare le esigenze degli utenti (client):

- file server: è un server con una memoria di massa per salvare file;
- web server: è un server nella rete che si occupa di fornire servizi (basati pagine html) al client su sua richiesta e rappresenta uno dei servizi più usati nel web;
- mail server: è un server dedicato all'invio e alla ricezione di email;
- ftp server: server che si occupa del trasferimento di file e di comunicare con un client attraverso il protocollo FTP;
- application server: è un server che fornisce ai client il lato server delle applicazioni client/server;
- streaming server: server dedicato al media streaming (audio e video).

La connessione di rete è solitamente client-server, ma può anche essere una connessione tra computer che fungono sia da client che da server (solitamente in reti domestiche o di piccole realtà aziendali in cui l'instaurazione di un server è costosa, o ancora per lo scambio di file in rete tra computer privati): in tal caso è indicata con il nome di peer-to-peer (ad esempio emule). Il protocollo, in ultimo, è un insieme di regole concordate e standardizzate per la trasmissione di dati tra due dispositivi e determina le regole per la compressione dei dati, per il trasporto e il modo in cui inviare e ricevere un messaggio sulla rete. Il protocollo di rete è il linguaggio utilizzato per le comunicazione tra due host remoti e definisce il modo in cui devono essere impacchettati i dati per la trasmissione e la ricezioni dei dati in rete. Il protocollo di comunicazione stabilisce il linguaggio di comunicazione tra due applicativi posti su computer remoti, al fine di poter dialogare (ad esempio: FTP File Transfer Protocol per i file, http Hyper Text Transmission Protocol per le comunicazioni via web, POP Post Office Protocol, IMAP Internet Message

Access Protocol e SMTP Simple Mail Transfer Protocol per la ricezione e l'invio della posta elettronica). In ultimo, si definisce ISP (Internet Service Provider) un'azienda che fornisce i collegamenti e il supporto per accedere alla rete (e quindi ad internet).

Le reti possono essere distinte a seconda delle tecnologie usate, ovvero dei modelli organizzativi adottati, e possono essere classificate a seconda dell'estensione geografica e della topologia.

In base all'estensione geografica è possibile distinguere quattro fondamentali tipi di rete:

- LAN (local area network): si estende all'interno di un'area limitata (ad esempio un edificio);
- MAN (metropolitan area network): costituita da più reti LAN e si estende su una superficie di circa 25-30 km quadrati ricoprendo un'intera città;
- WAN (wide area network): si estende su un'area geografica molto vasta e che connette sia singoli host che LAN/MAN, collegando anche nazioni differenti;
- GAN (global area network): si estende per computer dislocati in tutto il mondo, anche via satellite.

La topologia di una rete stabilisce il modo in cui i nodi sono fisicamente disposti e collegati tra di loro ed è possibile distinguere quattro fondamentali tipi di rete:

- topologia a bus: ogni computer della rete partecipa in modo passivo, restando in ascolto e in attesa di messaggi a lui destinati, quando invia dati questi vengono ricevuti da tutti i nodi ma solo il destinatario può intercettarli e leggerli;
- topologia a stella: ogni computer è collegato ad un apparato centrale concentratore (hub o switch) e i dati trasmessi giungono al concentratore, che replica il pacchetto inviandolo a tutti i computer collegati;
- topologia ad anello: ogni computer è collegato agli altri formando un cerchio chiuso (un anello), partecipa in modo attivo, ricevendo ed inoltrando i pacchetti di dati e i dati trasmessi scorrono in un solo senso (in tal caso la trasmissione si intende terminata quando le

informazioni, dopo un intero ciclo, ritornano al mittente);

• topologia mista: è possibile, in fase di progettazione, ricorrere ad un misto di topologie, la struttura a stella è solitamente il cardine e la dorsale (backbone) in genere ha una struttura a bus.

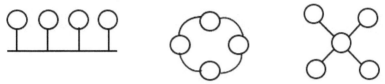

Figura 8. Tipologie di reti (bus, anello stella).

La trasmissione di un pacchetto di dati può generate conflitto (due nodi/computer che trasmettono contemporaneamente): in tal caso, la rete utilizza un protocollo particolare per la gestione delle "collisioni". Lo standard Ethernet, per esempio, gestisce le collisioni con la tecnica CSMA/CD, che annulla entrambe le trasmissioni per ritentarle dopo un tempo variabile.

Facendo riferimento alle tecnologie di interconnessione tra reti è possibile distinguere i seguenti apparati:

• schede di rete: connettono l'elaboratore alla infrastruttura fisica di comunicazione;

• hub e switch: sono concentratori di linee di comunicazione;

• repeater: amplificano i segnali;

• bridge: connettono reti che usano diversi protocolli;

• ‘ router: dispositivi intelligenti che si occupano dell'instradamento migliore dei dati per connettere reti che utilizzano gli stessi protocolli di comunicazione ad alto livello.

Inoltre, è possibile individuare i mezzi trasmissivi utilizzati per realizzare le reti che possono essere i seguenti:

• cavi in rame: la prima categoria è individuata dal doppino telefonico tradizionale (quello per le comunicazioni telefoniche), normalmente intrecciati per ridurre i disturbi (legati ai campi elettromagnetici); la seconda categoria è individuata dal cavo coassiale (quello dell'antenna del televisore), attualmente meno usato, costituito da una coppia di conduttori concentrici separati da materiale isolante, che consente elevata velocità di trasmissione e banda con rumore (legato ai disturbi) ridotto;

- fibra ottica: mezzo trasmissivo attraverso il quale il segnale viaggia sotto forma di impulsi ottici in formato digitale;
- ponti radio: sono collegamenti di tipo direzionale nei quali la comunicazione è realizzata attraverso onde radio ad alta frequenza lungo la direzione congiungente le due antenne;
- comunicazioni satellitari: la comunicazione avviene sempre tramite onde radio ma da un satellite verso un ricevitore a terra che può codificare il segnale.

In ultimo, le reti di comunicazione che realizzano i collegamenti tra gli elementi della rete (elaboratori e terminali) possono essere a:

- commutazione di circuito: la comunicazione avviene seguendo un cammino fissato che non varia;
- commutazione di messaggio: non viene realizzata una connessione fisica cablata, ma ogni messaggio trasmesso viene memorizzato da una centrale che la trasmette ad un'altra, seguendo un percorso stabilito in base al traffico sulla rete in quel momento;
- commutazione di pacchetto: analoga alla precedente, ma ogni messaggio viene suddiviso in vari pacchetti in maniera trasparente all'utente. I pacchetti viaggiano in maniera indipendente seguendo cammini diversi e solo alla destinazione vengono ricostruiti.

Nel 1983 la International Standard Organization (ISO) ha pubblicato un modello oggi conosciuto come OSI (Open System Interconnection), quale standard dell'architettura per la comunicazione in rete e strutturato su sette strati (o livelli) organizzati in modo gerarchico (pila protocollare), dove il livello più alto (livello 7), si interfaccia direttamente con l'utente e il livello più basso (livello 1), si interfaccia con il mezzo fisico di trasmissione, e sinteticamente indicati di seguito:

- Application: offre i servizi relativi alle applicazioni dell'utente finale;
- Presentation: assicura la l'interoperabilità e la traduzione delle informazioni a livello applicativo utilizzando un formato comune;
- Session: imposta, gestisce e chiude le sessioni di comunicazione tra due computer;
- Transport: suddivide i dati in segmenti (per l'invio in rete) e gestisce gli eventuali errori;
- Network: definisce il percorso e la connettività sulla rete tra due computer;
- Data Link: gestisce il transito di dati sulla rete;
- Physical: definisce le specifiche elettriche e funzionali che permettono di attivare, gestire e disattivare il collegamento fisico tra due sistemi.

Da un punto di vista prettamente implementativo il protocollo usato fa riferimento allo standard TCP/IP (Transmission Control Protocol/Internet Protocol), inizialmente implementato dal DoD (Dipartimento della Difesa USA) con scopi militari di difesa. Il modello TCP/IP è composto da quattro livelli:

- Application: comprende anche i livelli Presentation e Session del modello OSI.
- Tranport: legato alla qualità del servizio e all'affidabilità, il controllo di flusso e la correzione degli errori.
- Internet: ha lo scopo di dividere i segmenti in pacchetti ed inviarli in rete, scegliendo il percorso ottimale e usando il protocollo IP (Internet Protocol).
- Network: individua tutti i componenti, sia logici che fisici, richiesti per il collegamento.

7.   Internet, web 2.0, HTML5

Da un punto di vista strutturale e strettamente informatico è possibile modellare la rete internet almeno secondo due grafi: il primo è legato all'albero dei nomi di dominio (DNS - Domain Name System) e il secondo al grafo del web. Infatti, nel primo caso i nomi di dominio sono definiti dall' ICANN (Internet Corporation for Assigned Names and Numbers), che genera l'identificatore delle macchine (logiche o fisiche) su cui si trovano le risorse web. Ad esempio per il portale http://www.google.it/, il ".it" identifica la nazione di appartenenza, mentre google.it individua il nome del dominio. L'ultimo nome di ogni dominio, in genere, identifica il tipo di organizzazione in cui risiede lo host o il paese in cui si trova, ad esempio:

- *google.it* si trova in Italia;
- *sun.com* è un'organizzazione commerciale;
- *w3c.org* è un'organizzazione non governativa;
- *sourceforge.net* è un network.

Nel secondo caso, il grafo del web rappresenta l'insieme di tutte le risorse accessibili sul Web, dove ogni risorsa può essere considerata un nodo del grafo e i link che da una risorsa permettono di passare a un'altra possono essere considerati gli archi del grafo. Quest'ultimo è un grafo con elevata dinamicità, in quanto continuamente sono aggiunte nuove risorse e, contemporaneamente, vecchie risorse vengono eliminate, stabilendo nuovi archi. In tali circostanze risulta spesso anche complicato censire le risorse o definire algoritmi efficaci ed efficienti per l'attraversamento del grafo stesso.

Il Web rappresenta un insieme di risorse fisicamente sparse nel mondo accessibili attraverso un particolare sistema di indirizzamento (ad es. URI), mediante opportuni protocolli (ad es. HTTP), sfruttando opportuni linguaggi (ad es. XHTML). Dal punto di vista di un utente Internet può quindi essere anche percepita come un insieme di nodi (ognuno con un nome differente). In particolare, per un computer i nodi sono identificati da un IP (interenet protocol address), ovvero da un indirizzo numerico. Lo scambio di informazioni sul Web avviene tramite il modello client-server: il client richiede un servizio e il server lo fornisce al client. L'utente specifica la URL che identifica la risorsa cercata. Il browser (web client) attraverso il protocollo HTTP invia una richiesta al web server. Lo HTTP (HyperText Transfer Protocol) è il protocollo usato per le comunicazioni sul web e prevede due fasi diverse (request e response), che a loro volta comprendono due parti (header e body). Il server, quindi, elabora la richiesta e sempre attraverso il protocollo HTTP, invia la risposta al browser. La risposta è in forma di file scritto in linguaggio interpretabile dal browser, che legge il file e mostra il risultato dell'elaborazione all'utente.

L'evoluzione di internet ha portato anche allo sviluppo di sistemi informativi basati sull'infrastruttura esistente atti a migliorare la comunicazione tra gli utenti (quali i social network), che ha generato quella rivoluzione informatica che prende il nome di web 2.0 legato allo HTML 5.0.

Internet nasce da un progetto militare americano e nel 1969 vengono collegati i primi computer in rete tra quattro università americane. L'evoluzione tecnologica e la conseguente riduzione di costi ha portato allo sviluppo mondiale di tale tecnologia permettendo a sempre più persone di poter accedere alla "rete". Le tecnologie più recenti hanno creato una nuova tipologia di reti che permettono la convergenza di diversi multimedia con differenti strumenti: sono in grado di trasferire voce, video e dati sullo stesso canale di comunicazione, facendo una chiamata telefonica, o su internet seguendo programmi televisivi sul computer fino ad effettuare ricerche in internet utilizzando un televisore. L'uso di internet consente comunicazioni rapide (come le e-mail e la messaggistica istantanea) e una connessione condivisa accedendo a servizi quali la condivisione di file audio e video, la ricerca o l'acquisto di beni e servizi di ogni tipo. Su internet esistono diverse tipologie di siti: dai portali, ai siti informativi, ai blog, ai siti di acquisti online, ai wiki, ai social network, alle web application per le applicazioni di business.

Il World Wide Web (WWW) rappresenta lo spazio di internet destinato allo sviluppo e all'utilizzo di applicazioni web e alla pubblicazione di contenuti multimediali. Un documento elettronico sul web è chiamato pagina web e può contenere testo, grafica, animazione, audio, e video e segue alcune regole legate a standard quali HTML/XHTML (linguaggio con cui sono scritte le pagine web), HTTP (protocollo di rete atto alla trasmissione) e URL (per identificare univocamente, rintracciare e recuperare le pagine). In particolare, il web è basato sull'utilizzo di linguaggi di marcatura, quali lo Hypertext Markup Language (HTML) e lo eXtensible HyperText Markup Language (XHTML), linguaggi standard che permettono la creazione delle pagine attraverso l'uso con opportuni marcatori che descrivono il contenuto delle entità presenti nella pagina web. Il World Wide Web Consortium (W3C) definisce gli standard del web in continuo sviluppo.

Un browser web è un software applicativo che permette agli utenti di accedere e visualizzare i documenti sulla rete: i più diffusi per i personal computer sono Internet Explorer, Firefox, Opera, Safari e Google Chrome. Una pagina web può contenere testo, immagini, filmati e link (collegamenti ipertestuale quale abbreviazione di hyperlink: collegamenti ad altre pagine web). Una pagina web ha un indirizzo unico, chiamato URL (Uniform Resource Locator) che viene digitato sulla barra degli indirizzi del browser e permette lo scaricamento della pagina dal relativo web server (computer che contiene le pagine da visualizzare) cui ci si connette: il downloading (scaricamento) della pagina è il processo che consente a un computer o a un dispositivo di ricevere informazioni e il tempo di scaricamento dipende dalla velocità della connessione internet disponibile e della quantità di oggetti multimediali (quali foto e video) coinvolti.

Una pagina web è definita da un indirizzo, ad esempio:

www.google.it

Essendo presenti molteplici risorse, esistono molteplici formati per gli URL. Lo schema generale è definito da "scheme:object-address", dove *scheme* è il protocollo di comunicazione (ad es. http, ftp, file, ecc.). L' "object-address" dipende dallo *scheme* e per http l'object-address è della forma *//fqdn /resource-path*, dove *fqdn* è il "fully-qualified-domain-name", ovvero il nome univoco di un dominio identificabile nell'albero del DNS e *resource-path* indica il cammino per il documento ricercato (così come avviene nel file system). Inoltre, l'URL solitamente è una stringa alfanumerica in cui non compaiono i caratteri speciali come "," o spazi, e, nel caso in cui tali caratteri fossero presenti, è necessario usare il simbolo % seguito dal codice ASCII in esadecimale del carattere (ad es. la stringa "Programmazione per il Web" diventa "Programmazione%20per%20il%20Web").

L'*hostname* è il nome di un computer che fornisce l'accesso a un documento. I messaggi indirizzati ad una macchina *host* devono essere diretti ad un apposito processo dello *host* stesso: ogni processo viene identificato da un *port number*. La porta di default dei siti internet è la porta 80. Se il server dovesse essere stato configurato per usare un'altra porta *p* (ad es. 8080, porta di default di Tomcat), questa deve essere specificata facendo seguire alla URL la stringa *:p* (o eventualmente mappata su un web server quale Apache, che ridireziona alla porta di riferimento).

Per un computer, come già indicato, i nodi non sono identificati da un indirizzo testuale, ma da un indirizzo numerico IP (Internet Protocol Address) della macchina connessa ad Internet che contiene quella pagina, nel caso *google.it*:

149.3.176.22

Lo IP è sempre un numero a 32 bit, espresso come 4 numeri a 8 bit, separati dal simbolo ".".

Il MIME (Multipurpose Internet Mail Extensions) esprime la tipologia dei documenti che un browser può ricevere da un server web (ad es. testo, immagine, ecc.). Le specifiche MIME hanno la forma type/subtype.

In ultimo, un motore di ricerca è un'applicazione web che permette di trovare siti, immagini, video, news, mappe, in genere informazioni relative a una specifica materia. È sufficiente immettere una parola o frase (*keyword*) che descrive l'argomento da ricercare per poter iniziare la ricerca sui contenuti indicizzati dal motore di ricerca.

Il "web 2.0" è un termine usato per indicare un livello di evoluzione del World Wide Web rispetto al primo sistema di pubblicazione su web (detto anche web statico o web 1.0 e basato solo sulla navigazione ipertestuale, con l'eventuale integrazione di mail e motori di ricerca). Gli utenti interagiscono e collaborano tra loro in qualità di creatori di dialogo a differenza dei siti web 1.0

dove gli utenti sono limitati alla visione passiva di contenuti. Il web 2.0 rappresenta quindi un "attitudine" più che un set di tecnologie, ovvero un insieme di tendenze economiche e sociali legate all'accesso ormai mondiale alla rete (anche in mobilità) e alle nuove evoluzioni dell'uso del web (ad esempio per il commercio elettronico si consideri l'incremento di uso di Ebay o Amazon per gli acquisti), oltre comunque ad individuare l'insieme di tecniche di programmazione e ambienti di sviluppo software atti ad inglobare ed esaltare quell'insieme di applicazioni che mettono l'utente al centro del www, quali i blog, i forum e le chat permettendo la condivisione e l'integrazione di media quali flickr, youtube e vimeo e piattaforme di social network quali facebook, twitter, google+, e linkedin. Questa evoluzione ha portato quindi allo sviluppo di software che invogli un numero sempre maggiore di persone ad usarlo, condividendo e pubblicando ad esempio opinioni e foto e mettendo anche spesso criticamente in gioco la propria vita personale, portando sulla rete una gran quantità di dati da gestire anche a livello di sicurezza e privacy, ma anche aumentando il livello di visibilità delle imprese e creando nuove opportunità di business, migliorando l'uso delle applicazioni e aumentando il consenso e la soddisfazione dell'utente finale.

A livello tecnologico le applicazioni sono sempre accedute attraverso un browser, ma l'uso spinto di linguaggi per il web quali JavaScript (Ajax) e la standardizzazione per l'interoperabilità (XML) le rendono più facilmente fruibili ed "accattivanti", il che si ripercuote anche a livello sociale con un'impostazione grafica moderna, che permette all'utente un utilizzo immediato senza essere necessariamente un tecnico (e senza dover leggere "grossi" manuali), con una dimensione espressiva e comunicativa che permette di generare nuovi contenuti o di ritrovarli attraverso semplici ricerche integrate (si pensi ai "tag" per le foto). Il web 2.0 lavora con gli RSS (Really Simple Syndication) o con gli Atom (Atom Syndication Format), che permettono agli utenti di ottenere aggiornamenti automatici non appena un sito cambia, evitando di controllarlo ogni volta per avere le ultime informazioni. È sufficiente iscriversi al feed del sito e, non appena il contenuto di tale sito cambia, automaticamente viene aggiornato il relativo aggregatore. La tecnologia REST (REpresentational State Transfer) introduce nuovi vincoli e costruzioni da applicare al di sopra della tecnologia web services per semplificare le interazioni e le composizioni tra servizi influenzando l'architettura dove possibile. I web widget (software semplici ed indipendenti installabili in un portale web) con la loro interfaccia user-friendly ed accattivante hanno amplificato la tecnica del riuso nella costruzione di nuovi servizi, elevando il valore dei portali in cui sono implementati. Inoltre la diffusione di open API (application programming interface) fornisce l'accesso gratuito ad ampi database informativi proprietari che possono essere riutilizzati per creare nuove visioni del web e nuovi mercati, creando nuove applicazioni o migliorando quelle preesistenti.

Il web, con questa nuova visione, diventa, in conclusione, una piattaforma di sviluppo e di collaborazione autoconsistente, passando da una piattaforma di business, a una di marketing, a una di comunicazione o di sviluppo per i nuovi media a seconda dell'ambito sociale a cui si fa riferimento.

In ultimo l'evoluzione porta al concetto di web 3.0, basato sul web semantico (ovvero sul significato e sulla comprensione dei dati) e sulla ricerca intelligente tra gli aspetti più noti, con l'obiettivo di sfruttare al meglio quelle tecnologie che sono basate sull'intelligenza artificiale, per rendere l'interazione con il web sempre più vicina all'uomo.

Lo HTML5 rappresenta l'ultima versione del linguaggio di markup per il web, e definisce anche un nuovo standard per lo sviluppo di applicazioni web. Le recenti versioni di HTML e XHTML sono basate sul linguaggio di markup per documenti, mentre HTML5 nasce come linguaggio di sviluppo di applicazioni web. Infatti, HTML5 definisce nuovi elementi per sviluppare *Rich Internet Applications*, oltre a presentare una serie di API JavaScript native per i browser.

Tra gli elementi più importati c'è il tag <video>, che fornisce un mezzo di riproduzione per contenuti multimediali nativo del browser senza richiedere plugin aggiuntivi. Inoltre HTML5 fornisce l'elemento *Media Interface*, che controlla la riproduzione dei video con JavaScript, ovvero crea giochi e aiuta lo sviluppo applicativo.

Il futuro del web si basa di conseguenza sulla stretta interazione tra linguaggio di markup, programmazione Javascript ed evoluzione e standardizzazione dei browser.

8. Sicurezza e Privacy

Il problema della sicurezza e della tutela della propria privacy nasce e si evolve con l'avvento dell'ICT e l'utilizzo delle tecnologie in rete, infatti ogni documento in rete rappresenta una informazione delicata per l'azienda o per la sfera personale della persona.

La privacy personale può essere tutelata principalmente da un buon comportamento aziendale e di rete basato principalmente su un uso corretto delle proprie credenziali di accesso e quindi sull'uso di userid e password per l'accesso al computer personale o in rete. Fondamentalmente è necessario scegliere una password formata da numeri e lettere in combinazione, modificandola spesso ed evitando di scriverla o comunicarla a soggetti terzi: in ambito aziendale ognuno è responsabile del proprio computer o dei propri accessi in rete.

Un sistema di comunicazione per poter essere sicuro deve garantire la riservatezza (comunicazione non deve stata intercettata o violata), l'integrità (il messaggio giunto a destinazione deve essere conforme a quello inviato senza modifiche), l'autenticità (certezza del mittente), la disponibilità (le risorse devono essere fruibili).

La sicurezza si basa principalmente sull'arginare al meglio gli attacchi informatici a livello di virus o intrusioni indesiderate. I virus informatici sono programmi che si installano nel computer dando origine a malfunzionamenti o generando canali che favoriscono le intrusioni da parte di terzi. Un virus può penetrare in un sistema in modalità diverse, ma l'infezione via rete è la più diffusa (tramite un messaggio di posta elettronica sotto forma di allegato, o quando si scarica e si installa un software da internet). Inoltre, con i collegamenti wireless, il rischio sicurezza aumenta e si è maggiormente esposti ai casi di pirateria informatica a causa della minore sicurezza offerta dalle reti senza fili. In presenza di atti illegali, come appropriazione indebita o illegale di dati personali, il danno potrebbe essere molto grave per l'utente o per l'azienda, con difficoltà di raggiungere soluzioni giuridiche e/o rimborsi se il fornitore risiede in uno stato diverso da paese dell'utente. Per combattere tale fenomeno, oltre ad un coscienzioso uso dei sistemi informativi, è necessario l'uso di software antivirus (che presentano una tabella dei virus catalogati e il modo per riconoscerli e contrastarli nel momento in cui si dovesse notare la loro presenza) da aggiornare regolarmente, l'uso di antispyware (che scansiona il computer ed elimina programmi potenzialmente dannosi quali spyware o trojan) e l'uso di firewall (dispositivo hardware e software posto tra la parte interna e la parte esterna della rete con la funzione di controllare e filtrare il traffico di dati in base a regole preimpostate dall'utente o dall'amministratore di rete, bloccando gli accessi non autorizzati dall'esterno, ma anche il collegamento dall'interno verso siti internet non graditi).

In ultimo, si fa cenno alle principali tipologie di attacco in rete:

- intercettazione: si divide in passiva (vengono letti i dati inviati in rete) e attiva (vengono letti e modificati i dati inviati in rete) e viene attuata con l'uso di particolari software (ad esempio sniffer);
- portscan: scansione remota delle porte note per rilevare l'elenco dei servizi attivi su una certa macchina o le porte aperte;
- virus: programma appartenente alla categoria dei malware (categoria di software accomunati dall'intento di eseguire operazioni non desiderate dall'utente), che è in grado, una volta eseguito, di infettare dei file in modo da riprodursi facendo copie di se stesso, senza farsi rilevare dall'utente;
- trojan: è un tipo di malware che nasconde le sue funzionalità all'interno di un programma apparentemente utile;
- spyware: software che raccoglie informazioni riguardanti l'attività online di un utente e quindi la sua sfera privata;
- worm: particolare categoria di malware in grado di autoreplicarsi;

- phishing: modalità via rete (solitamente in mail) attraverso la quale si cerca di ingannare la vittima convincendola a fornire informazioni personali (ad esempio i dati della carta di credito).

Una forma di difesa molto interessante ed utilizzata è la crittografia, ovvero la possibilità di codificare le informazioni attraverso particolari algoritmi e convenzioni (riconosciute dai browser) che permettono sia il riconoscimento degli interlocutori che la sicurezza delle transazioni, rendendo sicuri canali che intrinsecamente non lo sono (ad esempio, il protocollo, quando si accede alla propria casella di posta su internet, diviene https e non più http). Esistono due sistemi di crittografia:
- simmetrica o a chiave privata: si basa su una sola chiave di cifratura;
- asimmetrica o a chiave pubblica: si basa sull'uso combinato di due chiavi di cifratura.

Il sistema simmetrico usa la medesima chiave per le operazioni di cifratura e decifratura, il che porta fondamentalmente ad prestare la massima cautela affinché nessun altro al di fuori degli interessati conosca la chiave. Il sistema asimmetrico usa una coppia di chiavi complementari, una detta pubblica e una detta privata, generate contestualmente. La chiave pubblica deve essere distribuita (e può essere verificata anche l'eventuale scadenza o revoca per una qualunque ragione), quella privata deve essere mantenuta segreta. Non esistono quindi chiavi condivise. La crittografia a chiave pubblica è sicuramente il sistema attualmente più sicuro ed usato (ad esempio è implementato nei sistemi di posta certificata).

9. I servizi

Tutti i software sviluppati negli ultimi anni (soprattutto con l'avvento e la crescita di internet e del web) si trovano a condividere flussi di dati già realizzati in diverse altre applicazioni esistenti, diviene quindi fondamentale l'integrazione e l'interoperabilità tra applicazioni differenti.

Da un lato diviene fondamentale lo scambio di informazioni strutturate tra diversi ambienti applicativi (che richiede uno standard) e dall'altro ritorna utile il riuso delle componenti software (per il ridurre il costo di funzionalità sempre più complesse da integrare con i vari sistemi). Questi fattori hanno portato alla necessità di sviluppare uno standard di comunicazione indipendente dalla piattaforma applicativa e un protocollo di dialogo tra chiamante e componente applicativa indipendente dal trasporto, completo dal punto di vista semantico e sicuro. Tale evoluzione ha portato a sviluppare architetture applicative che, in termini di componenti, offrono servizi applicativi sia all' utente sia ad altre componenti e applicazioni.

Per "servizio" si intende una entità che può utilizzare la rete e che fornisce una certa funzionalità attraverso lo scambio di messaggi: componenti quali risorse di calcolo, risorse di storage, reti, programmi e database sono tutti dei servizi. I servizi sono caratterizzati dalle capacità che offrono e implementano un insieme di interfacce, cioè un insieme di operazioni che è possibile invocare tramite lo scambio di ben definite sequenze di messaggi. Durante il suo periodo di vita, al servizio viene associato uno "stato", grazie al quale è possibile distinguere l'istanza di un servizio da un'altra che fornisce la stessa interfaccia.

Nelle architetture a servizi il patrimonio informativo di un'azienda non è più rappresentato da un insieme di applicazioni isolate tra loro che comunicano attraverso tecnologie integrate, ma è organizzato in una collezione di servizi pubblicati su un'infrastruttura di comunicazione, che, nella sua espressione più evoluta, viene individuato nello ESB (Enterprise Service Bus), ovvero un unico canale di interfaccia, e che, quando c'è bisogno, possono essere utilizzati da più applicazioni. In tale contesto i web services divengono un fattore chiave per la pubblicazione dei servizi in uno standard condiviso. La riusabilità delle componenti e lo sviluppo incrementale insieme all'integrazione dei sistemi e alla flessibilità, rappresentano i benefici maggiormente percepiti dalle aziende che utilizzano le tecnologie e le metodologie che sfruttano SOA (Service Oriented Architecture). Tale architettura rappresenta un'evoluzione del paradigma ad oggetti (che verrà trattato in seguito) ed è implementata come un'entità software che interagisce con applicazioni ed altri servizi attraverso un sistema basato sullo scambio di messaggi: questo permette di astrarre dalla reale componente software, concentrandosi solo sulla descrizione del servizio (indicando cosa si vuole e cosa verrà restituito lasciando a chi usufruisce di tali servizi di integrarli nella migliore maniera all'interno della proprio struttura informativa).

L'architettura SOA è caratterizzata da sei entità principali:

- Service Registry: directory contenente i servizi disponibili;

- Service Consumer: che localizza il servizio nel registro;

- Service Provider: accetta ed esegue le richieste del consumer;

- Service Contract: specifica il formato di richiesta e risposta;

- Service Proxy: fornito dal service provider al service consumer con lo scopo di cercare un contratto e un riferimento nel registro per eseguire la richiesta del consumer;

- Service Lease: specifica il tempo per cui il contratto è valido.

I servizi devono essere facilmente ricercabili, modulari, componibili, interoperabili e debolmente accoppiati (in quanto il consumer di un servizio non ha conoscenza del servizio prima di invocarlo).

I web service (basati sulla tecnologia standard XML- eXtensible Markup Language) sono alla base dell'implementazione di un'architettura service oriented, in quanto sono applicazioni auto-descrittive e modulari che espongono servizi che possono essere pubblicati, scoperti e invocati. I web service possono essere generati con l'uso di alcuni linguaggi di programmazione (ad esempio Java), protocolli, o piattaforme. In ultimo, sono completamente indipendenti dalla piattaforma e dal linguaggio. L'interazione tra servizi richiede un documento WSDL (Web Services Description Language) che utilizza XML ed è il formato per definire l'interfaccia e descrivere il servizio sul quale poi predisporre il relativo software.

Gli standard richiesti per fare questo sono:

- Web Service Description Language (WSDL);

- Simple Object Access Protocol (SOAP);

- Universal Description, Discovery, and Integration (UDDI).

SOAP fornisce l'imbustamento dei messaggi web service e generalmente utilizza http. Lo UDDI registry è utilizzato con il significato di scoperta dei web service descritti usando WSDL.

Le tecnologie basate sulle web service stanno divenendo le più usate nello sviluppo e soprattutto nell'integrazione di applicazioni aziendali e in tale contesto il modello ESB si sta evolvendo molto velocemente. L'Enterprise Service Bus individua la migliore soluzione per implementare un'architettura service oriented. Tra service provider e service consumer si instaura un bus per i messaggi che combina l'infrastruttura dei messaggi con la trasformazione e il routing, rendendo virtuali le risorse aziendali e gestendole indipendentemente dall'infrastruttura della rete, e dalla fornitura di questi servizi. È necessario in questa situazione sviluppare uno strato di servizi middleware (ovvero l'insieme dei servizi necessari per supportare applicazioni comuni in un ambiente distribuito) che includano i paradigmi di comunicazione (quali sincrona e asincrona), la qualità di servizi (quali security), la piattaforme, i protocolli standard e i tool basati sugli standard con l'obiettivo di abilitare la gestione e l'integrazione rapida di servizi.

REST (Representational State Transfer) rappresenta uno standard di ultima generazione che si basa su web e sul protocollo http, tipicamente usato con Architecture Resource Oriented (ROA). In REST tutto è considerato una risorsa accessibile tramite interfaccia basata sui metodi standard http. L'architettura REST è basata su un server REST che fornisce l'accesso alle risorse e un client REST che accede alle risorse REST e le modifica. Le risorse sono identificate da URI che rappresentano ID globali. REST permette di lavorare con risorse di diversa natura tra cui testo, XML, JSON, ecc. I metodi con cui lavora sono:

- GET: permette l'accesso in lettura alla risorsa;
- PUT: immette una nuova risorsa;
- DELETE: rimuove le risorse.
- POST aggiorna una risorsa esistente o crea una nuova risorsa.

I servizi web *RESTful* si basano su REST e sui metodi HTTP e definiscono l'URI di base per i servizi, i tipi MIME supportati (XML, testo, JSON, ecc.) e l'insieme di operazioni (POST, GET, PUT, DELETE) supportate.

SOAP utilizza WSDL per la comunicazione tra consumatore e fornitore costruendo una infrastruttura abbastanza complessa, mentre REST utilizza semplici metodi http e unicamente XML o JSON per inviare e ricevere dati risultando più semplice e leggero, quindi, in ottica agile, anche un forte concorrente che si sta continuamente evolvendo e diffondendo.

10. I Sistemi Distribuiti

I sistemi informatici si sono evoluti continuamente nel corso degli anni, dal momento in cui nel 1945 ci fu il primo esordio dei moderni computer a quando a metà degli anni '80 lo sviluppo dei primi processori potenti e a costo contenuto permise la distribuzione su larga scala dei computer, fino all'era moderna in cui anche la dimensione e le funzionalità accessorie iniziano ad avere la loro importanza se consideriamo, ad esempio, il caso estremo ed attuale di uno smartphone o di un tablet. Parallelamente, lo sviluppo delle reti di computer ad alta velocità (dalle LAN alle GAN) ha permesso a migliaia di macchine all'interno di un edificio o su scale mondiale di comunicare e scambiare dati in intervalli di tempo irrisori. Questo ha reso possibile lo sviluppo di sistemi di calcolo molto potenti in quanto costituiti da una grande quantità di pc connessi in rete ad alte velocità. Tali sistemi sono indicati come reti di computer o, meglio, sistemi distribuiti. Un "sistema distribuito" è, quindi, la composizione di più computer, autonomi e indipendenti, connessi tra loro che all'esterno vengono individuati come un unico sistema. Lo sviluppo e lo studio di tali sistemi si sta evolvendo negli ultimi anni, concentrandosi sull'interazione, l'interfaccia e la trasparenza (nascondendo processi ed eventuali guasti) rispetto all'utente finale, sulla comunicazione in rete tra le risorse coinvolte, sulla loro accessibilità (per condividere risorse in un ambito distribuito) e sulla loro scalabilità (per aggiungere risorse, per essere distribuito spazialmente, e amministrativamente), analizzando gli algoritmi di parallelizzazione e la disponibilità del complesso del sistema e la relativa sicurezza nell'accesso, in ultimo sulla possibilità di adottare standard aperti e condivisi per permettere l'interfacciamento tra sistemi differenti. Di seguito vengono analizzati tre tra i sistemi più usati al giorno d'oggi.

10.1. Cluster

I sistemi Cluster divennero popolari con l'evoluzione dei sistemi hardware, con il loro conseguente calo di prezzo e contemporaneamente con lo sviluppo delle reti che permetteva di mettere in collegamento tra loro diverse macchine aumentando la capacità di calcolo e riducendo i costi complessivi rispetto alla costruzione di un singolo super computer. Un Cluster è un insieme di risorse dello stesso tipo (server), collegate in rete, che agisce come un unico sistema e garantisce quindi performance migliori. Lo scopo di un Cluster è, infatti, quello di distribuire una elaborazione molto complessa tra i vari computer componenti il Cluster, conseguentemente, un problema che richiede molte elaborazioni per essere risolto viene scomposto in sotto-problemi separati risolti in parallelo e questo aumenta la potenza di calcolo di tutto il sistema. I vari computer componenti il Cluster risultano come una singola risorsa computazionale e le varie componenti sono risorse dedicate al funzionamento dell'insieme; il server Cluster è quindi ad altissime prestazioni in quanto suddivide il carico di lavoro su più macchine costituendo, di conseguenza, un sistema distribuito.

Per poter instaurare un Cluster è necessario disporre di hardware in rete, un sistema operativo distribuito e impostare degli algoritmi parallelizzabili. Caratteristica principale dei sistemi Cluster è l'omogeneità, infatti gran parte dei computer in Cluster sono uguali ed hanno tutti il medesimo sistema operativo, sono connessi attraverso la stessa rete e sono spesso posizionati nel medesimo centro operativo. Il software che gestisce il Cluster è legato al middleware.

Sono tre i principali tipi di cluster:

•cluster ad alta affidabilità (Fail-over): garantiscono la minima interruzione di servizio possibile, ovvero consentono una continuità di servizio ben al di sopra di quella caratteristica dei sistemi a macchina singola;

•cluster Load balancing: permettono di ridurre il carico di elaborazione di una macchina in quanto le richieste sono distribuite con appositi algoritmi bilanciando così il carico di lavoro sulle singole macchine e garantendo anche tempi minori di elaborazione nella richiesta di un servizio;

•cluster computazionali (hpc: High Performance Computing): offrono un servizio impiegando la potenza di calcolo complessiva delle macchine del Cluster aumentando la capacità del sistema.

I Cluster fail-over e load-balancing sono molto utilizzati in ambito aziendale per applicativi dedicati (si pensi ad una banca) in quanto permettono di ottimizzare le risorse in maniera intelligente e vantaggiosa, con l'acquisto di risorse hardware il cui costo è ormai ridotto e con un buon sistema di gestione software, anche intervenendo su server datati prima che sussistano guasti dovuti all'età delle macchine. Inoltre, la possibilità di virtualizzare (astrazione delle componenti hardware di un sistema per renderle disponibili al software in forma virtuale: ad esempio è possibile creare in tal maniera più macchine virtuali su cui installare sistemi operativi differenti) su un stesso hardware, ottimizza ulteriormente il consumo di risorse che verrebbe quindi ripartito in modo più efficace rispetto alle soluzioni tradizionali. È sufficiente scegliere la macchina principale (Master) e, tramite procedure automatiche, la macchina secondaria (Slave) viene sincronizzata in tempo reale con la Master. In caso di guasti al Master, lo Slave riattiverà il funzionamento nel punto in cui il server reale si era fermato precedentemente con un intervallo minimo di tempo.

I Cluster ad alta affidabilità riducono quindi il TCO (Total Cost of Ownership: utilizzato per calcolare tutti i costi del ciclo di vita di un'apparecchiatura informatica IT, per l'acquisto, l'installazione, la gestione, la manutenzione e il suo smantellamento), consentono di intervenire automaticamente in caso di guasto garantendo continuità nei servizi e semplificano il backup di sistema oltre a garantire il monitoraggio di guasti e risorse, a semplificare gli aggiornamenti e a intervenire da remoto per il ripristino, ad esempio, delle configurazioni di una delle macchine in Cluster.

I Cluster HPC sono configurati per fornire prestazioni estremamente performanti ed usati in ambito di ricerca. Le macchine suddividono i processi di un job (che rappresenta il più piccolo elemento di computazione gestito dall'ambiente) su più macchine attraverso algoritmi distribuiti parallelizzando (invece di eseguirli sequenzialmente) i processi, al fine di guadagnare in prestazioni. Ogni Cluster è costituito da una collezione di nodi di calcolo gestiti da un nodo principale che gestisce anche l'allocazione del programma parallelo e dei job di cui è richiesta l'elaborazione.

I vantaggi dell'utilizzo di questo sistema sono economicità (rispetto ad un unico computer di grandi capacità), affidabilità e scalabilità (essendo risorse distribuite), ma anche disponibilità di molti software distribuiti di gestione. Questo chiaramente è ottenuto con l'uso di più server, maggiore consumo di energia e la necessità di organizzare la gestione di più computer.

10.2. Grid Computing

Il Grid Computing nasce e si evolve quale nuova tecnologia informatica in grado di condividere consistenti risorse di calcolo indipendentemente dalla loro localizzazione geografica e dall'ambiente operativo di base utilizzato, con lo scopo di soddisfare le esigenze di complesse applicazioni in diversi ambiti quali medicina, fisica, astronomia, biologia, grafica, business intelligence e ingegneria, che richiedono risorse di calcolo numerose e distribuite. L'evoluzione del Grid Computing è favorita dall'esigenza di lavorare con una infrastruttura più ampia di quella cui potenzialmente si può accedere nel proprio centro elaborazione dati, che può non risultare sufficiente a soddisfare l'esecuzione di computazioni che richiedono un gran numero di risorse con differenti caratteristiche operative. Il termine Grid Computing sta ad indicare un paradigma di calcolo distribuito che utilizza una infrastruttura di calcolo "a griglia" decentralizzata e di natura disomogenea in grado di consentire ad un vasto numero di utenti l'utilizzo di risorse (dispositivi hardware, capacità di calcolo (CPU), spazio di memoria, dati e applicazioni software) provenienti da un numero elevato di calcolatori interconnessi da una rete. La risorsa computazionale è vista come utility e come tale deve garantire all'utente un accesso trasparente e sicuro all'utilizzo ed alla gestione efficiente di risorse distribuite.

Le caratteristiche principali dei sistemi di calcolo a Cluster sono l'omogeneità delle risorse, la condivisione del medesimo sistema operativo e la connessione alla stessa rete e allo stesso dominio amministrativo con politiche di sicurezza note e condivise, diversamente, i sistemi Grid consentono di operare con risorse disomogenee e con qualunque tipo di ambiente operativo ed applicazione in differenti domini amministrativi. La tecnologia Grid, a differenza del Cluster, prevede l'interconnessione tra macchine, anche eterogenee, per realizzare attività cooperative di calcolo e richiede, quindi, una infrastruttura complessa e articolata in livelli per identificare le componenti del sistema specificandone lo scopo e le funzioni, l'indicazione delle modalità di interazione tra le componenti e la definizione dei servizi e dei protocolli comuni. Questa complessità architetturale ha determinato la necessità sia di sviluppare componenti software per implementare interfacce per le applicazioni utente, sia di sviluppare importanti moduli di middleware. In ultimo, lo sviluppo di uno standard internazionale ha consentito di definire una architettura Grid in termini di servizi che fa riferimento alle Service Oriented Architecture (SOA). Lo standard Open Grid Service Architecture (OGSA) descrive i requirement e i servizi indipendenti di middleware necessari al funzionamento di una computational Grid. Tra i vari servizi, particolarmente importanti sono i Servizi di Execution Management (Execution Management Services - EMS) che permettono agli utenti di usare le risorse distribuite nella Grid a partire dalle loro applicazioni gestendo l'esecuzione dei vari job. Questi servizi sono nevralgici per l'esecuzione di job distribuiti e rappresentano il cuore dell'architettura Grid. Quello che differenzia le Computational Grid dal Web sta nel fatto che la condivisione non è limitata allo scambio dei file, ma si estende all'accesso diretto al computer, ai software e in generale al tutto l'hardware necessario alla risoluzione di un problema computazionale.

Nel 2001 l'architettura Grid viene formalizzata da I.Foster e C.Kesselman quale infrastruttura distribuita di risorse eterogenee di calcolo cooperanti in "Virtual Organization" dinamiche ed è caratterizzata da tre proprietà fondamentali:

> •una gestione coordinata di risorse che non devono essere soggette ad alcun controllo centralizzato: PC, desktop personali, nodi di calcolo e database di istituzioni sparse nel mondo, senza la necessità del controllo tipico di un sistema a gestione locale, pur garantendo la sicurezza e la realizzazione delle politiche di utilizzo all'interno di un'organizzazione virtuale;

> •l'uso di protocolli e di interfacce standard, open, general-purpose, essenziali per assicurare in modo trasparente funzionalità di base quali autenticazione, autorizzazione, ricerca e accesso alle risorse;

> •un'elevata qualità di servizio (QoS – Quality of Service), misurata con metriche quali tempo di risposta, throughput, disponibilità, sicurezza, co-allocazione di risorse.

La condivisione delle risorse è ottenuta attraverso accessi diretti, altamente controllati, da parte degli utenti. Gruppi di utenti o organizzazioni regolate da una politica di condivisione formano le cosiddette Virtual Organization, comunità virtuali con l'obiettivo comune di condividere risorse distribuite geograficamente tramite relazioni affidabili. Una Virtual Organization (VO) quindi è costituita da:

- un insieme di individui o istituzioni;

- un insieme di risorse da condividere;

- un insieme di regole per la condivisione.

I membri facenti parte dell'organizzazione condividono risorse e regole e perseguono obiettivi comuni, negoziando le modalità di condivisione delle risorse e utilizzandole per i propri scopi applicativi.

Affinché all'interno della Grid le entità possano essere condivise, occorre un'architettura che:

- identifichi le componenti principali del sistema;

- specifichi lo scopo e la funzione di questi componenti;

- indichi come queste componenti interagiscono fra di loro;

- definisca servizi e protocolli comuni per garantire l'interoperabilità attraverso la rete.

In ultimo, l'interoperabilità è un concetto fondamentale negli ambienti Grid per assicurare che sia sempre possibile stabilire relazioni di condivisione tra utenti diversi e scalabili. Senza l'interoperabilità le applicazioni e i componenti di una VO sono costretti a stabilire delle relazioni di condivisione bilaterali, e questo non assicura che i meccanismi utilizzati tra i due componenti possano essere estesi ad altre parti.

Una architettura "open" basata su standard oltre a garantire l'interoperabilità, favorisce l'estensibilità, la portabilità e la condivisione del codice. Con protocolli standard è più facile definire servizi standard e con questi offrire all'utente finale maggiori potenzialità. Il middleware preposto per le Grid individua i servizi necessari per poter eseguire applicazioni su un insieme di risorse remote e distribuite in una Virtual Organization.

La definizione di protocolli standard consente di offrire servizi migliori ai componenti della VO e di astrarre i dettagli relativi alle specifiche risorse. Di seguito vengono illustrati i vari livelli dell'architettura Grid.

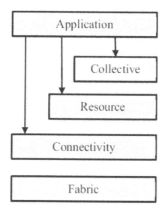

Figura 1. Architettura Grid.

Il core di astrazioni è costituito dai livelli Resource e Connectivity, che facilitano la condivisione delle singole risorse. I protocolli di questi livelli possono essere implementati su diversi tipi di risorse, definiti a livello Fabric e possono essere utilizzati per costruire un insieme vasto di servizi globali e di funzioni specifiche per ciascuna applicazione al livello Collective, così chiamato perché implica l'uso coordinato di risorse multiple.

Il livello Fabric è costituito dalle risorse che si intende condividere: risorse computazionali, sistemi di storage, cataloghi, risorse di rete e sensori e risorse logiche, come file system distribuiti e Cluster di computer. I componenti Fabric forniscono l'accesso a tali risorse implementando, attraverso protocolli interni, le operazioni locali, derivanti dalla esecuzione di operazioni di condivisione ai livelli più alti, sulle specifiche risorse.

Il livello Connectivity definisce i protocolli nucleo per la comunicazione e l'autenticazione richiesti dalle transazioni Grid. I protocolli di comunicazione abilitano lo scambio dei dati fra le risorse del livello Fabric, i protocolli di autenticazione invece si basano sui servizi di comunicazione per fornire meccanismi crittografici sicuri atti a verificare l'identità degli utenti e delle risorse. I requisiti di comunicazione includono il trasporto, il routing e il naming. Le soluzioni di sicurezza Grid dovrebbero fornire anche un supporto flessibile alla protezione della comunicazione.

Il livello Resource si appoggia sui protocolli di comunicazione e autenticazione dello strato Connectivity per definire protocolli e servizi utili alla negoziazione sicura, all'inizializzazione, al monitoraggio, al controllo e all'addebitamento dell'utilizzo di risorse singole.

Le implementazioni di questi protocolli chiamano le funzioni del livello Fabric per accedere alle risorse e controllarle; inoltre controllano solo le singole risorse e non le questioni legate allo stato globale e alle azioni atomiche riguardanti le collezioni distribuite di risorse.

Diversamente dal livello Resource, che si occupa delle interazioni con le singole risorse, i protocolli e i servizi dello strato Collective hanno natura globale e gestiscono le transazioni fra collezioni di risorse, sfruttando i servizi dei sottostanti livelli Resource e Connectivity.

L'ultimo strato dell'architettura Grid, il livello Application, è costituito dalle applicazioni utente che operano in una Virtual Organization e che coprono un vasto scenario dall'ambito industriale a quello accademico. Tali applicazioni richiamano gli strati inferiori con definiti protocolli, che permettono agli utenti di accedere ed usare le risorse di una Grid.

Sostenuto dall'emergere dei Web Service, il Globus Project (ora, Globus Alliance) ha proposto nel 2002 la "Open Grid Service Architecture" (OGSA), definendo l'architettura Grid in termini di servizi. Grazie a successive evoluzioni e raffinamenti, nel 2006 viene completato dall'Open Grid Forum (consorzio di ricercatori, sviluppatori e vendor rappresentanti oltre 400 organizzazioni in più di 50 paesi operanti sulle tecnologie distribuite e Grid), divenendo lo standard "de facto" per i sistemi Grid. Diverse organizzazioni, quali l'OGF, Globus, Oasis, W3C e IETF sono coinvolte nel processo di standardizzazione del sistema Grid.

OGSA definisce l'architettura e gli standard necessari per la realizzazione delle applicazioni Grid attraverso la definizione di Grid Services, delle loro funzioni, delle tecnologie sulle quali i Grid service sono basati (XML, WSDL, SOA, SOAP) e delle interfacce comuni utilizzate (soluzioni standardizzate per servizi quali Discovery, Authentication, Global Namespace, Delegation, Accounting).

Nel contesto OGSA qualsiasi componente è rappresentata da un servizio: servizi che possono essere composti attraverso la definizione di interfacce standard che ne consentano l'interazione. Tale evoluzione comporta che le funzionalità di ogni livello architetturale possano essere astratte dai servizi Grid rendendo più semplice l'integrazione e la comunicazione tra i livelli stessi. Ciò comporta che anche le risorse, alle quali è possibile accedere mediante interfaccia standard, possano essere incapsulate all'interno di servizi di Web Services tramite un Web Services Resource Framework (WSRF), costituito da WS-Resource, definite come sequenza di messaggi Web Service e di definizioni XML. Lo standard OGSA descrive, quindi, i requirements (interoperability and resource sharing, optimisation, quality of service, job execution, data services, security, scalability and extensibility) e considera sei importanti servizi (Execution Management Services; Data Services; Resource Management Services; Security Services; Self-Management Services; and Information Services), di seguito elencati:

•Execution Management Services: si occupano della inizializzazione e della gestione, fino al completamento dell'operazione richiesta, delle unità di lavoro, siano esse applicazioni OGSA o applicazioni legacy e, quindi, di tutto quello che concerne l'esecuzione delle unità di lavoro, incluse la disposizione di ciascuna di esse, l'assegnazione delle risorse e dei privilegi e la gestione del lifetime.

•Data Services: servizi legati alla gestione, all'accesso e all'aggiornamento delle risorse contenenti dati; si occupano anche del trasferimento dei dati, della gestione delle copie replicate, dell'esecuzione delle query e degli aggiornamenti ai database, nonché della gestione dei metadati che descrivono i dati, come ad esempio le informazioni circa la provenienza. I data services devono anche assicurare la consistenza tra i dati replicati;

•Resource Management Services: in una Grid i servizi per la gestione delle risorse si occupano delle risorse fisiche e logiche vere e proprie (quali riavvio di un host o settaggio di una VLAN su uno switch di rete); delle risorse Grid specifiche del contesto OGSA, esposte tramite interfacce di servizi; infine dell'infrastruttura Grid, che espone le proprie interfacce di gestione (quale ad esempio il monitoraggio di un registry service). Le risorse sono descritte da un "information model" che definisce le loro proprietà, le operazioni, gli eventi e le relazioni esistenti tra di esse;

•Security Services: facilitano l'applicazione delle politiche legate alla sicurezza in una VO, allo scopo di assicurare il raggiungimento degli obiettivi di business presenti al livello più alto dell'architettura. La caratteristica delle applicazioni Grid di inglobare diversi domini amministrativi implica che ciascuno di questi domini ha i propri obiettivi di business e che ciascuno definisce e applica le proprie politiche di sicurezza, che possono essere molto diverse fra loro in complessità e precisione. I componenti di sicurezza OGSA devono supportare, integrare e unificare modelli, meccanismi, protocolli, piattaforme e tecnologie comuni in modo da permettere ad una varietà di sistemi di interoperare in modo sicuro e consentire l'integrazione con le architetture di sicurezza esistenti;

• Self-Management Services: rappresentano un modo per ridurre i costi di gestione di un sistema IT; in un ambiente che si autogestisce, i componenti del sistema, inclusi i componenti hardware come computer, reti e dispositivi di storage e i componenti software, come sistemi operativi e applicazioni commerciali, si configurano, si gestiscono e si ottimizzano in modo autonomo. Questo comporta non solo una riduzione dei costi ma anche la capacità, da parte dell'organizzazione, di reagire al cambiamento in modo flessibile;

• Information Services: funzionalità che permettono di accedere e di manipolare le informazioni relative ad applicazioni, risorse e servizi appartenenti all'ambiente Grid, dove per informazioni intendiamo tutti i dati o gli eventi dinamici usati per monitorare lo stato, i dati usati per il discovery e ogni altro tipo di dato registrato. Nello specifico, un Information Service deve supportare una varietà di requisiti QoS per ottenere affidabilità, sicurezza e performance. Tra i client di un Information Service sono inclusi i servizi di logging per il monitoraggio delle applicazioni.

L'architettura Grid a servizi è affrontata in letteratura nelle sue differenti componenti. L'idea di fondo consiste nel definire un'architettura che permetta di distinguere i tre livelli in cui principalmente può essere individuato nella sua globalità un sistema Grid, per poi concentrarsi sui servizi. Le tre componenti fondamentali che caratterizzano un'architettura Grid sono:

• Lo strato Application;

• Lo strato Middleware;

• Lo strato Resource Pool.

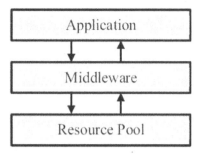

Figura 2. Architettura a tre livelli di una Grid.

Lo strato *Application* è costituito dall'insieme di tutti i software atti ad interfacciare gli utenti Grid con la Grid stessa, permettendo di sottomettere i vari User Job (l'insieme delle computazioni sottomesse dall'utente finale). Molti degli ambienti preposti permettono agli utenti di accedere ai servizi Grid tramite un web browser, migliorando le prestazioni dei processi ed esponendo dati ed applicazioni.

Tali software, grazie all'avvento della tecnologia Grid, sono divenuti negli anni sempre più complessi, ed utilizzati in ambito scientifico ed industriale per processare grandi quantità di dati e per eseguire esperimenti sulle risorse distribuite della Grid. Tali applicazioni complesse possono prendere in carico l'esecuzione di job paralleli o sequenziali, interdipendenti o indipendenti, fino all'esecuzione di workflow complessi.

Lo strato *Middleware* è costituito da tutti i servizi che implementano le principali funzionalità delle Grid richiesti dall'architettura a servizi OGSA (Security Services, Execution Management Services, Data Management Services, Resource Management Services, Information Services e Self-Management Services). Grazie a questi servizi gli utilizzatori della Grid possono richiedere, ed eventualmente coordinare, le risorse remote per ottenere e vedere eseguite le loro richieste. Il Middleware interagisce con lo strato Application, gestendo i vari User Job sottomessi e restituendo il risultato delle computazioni eventualmente riassemblate e ricompilate.

Lo strato *Resource Pool* è caratterizzato dall'insieme delle risorse eterogenee e distribuite di una Grid. La Risorsa è un'entità logica indipendente, costituita da componenti fisici e virtuali e con disponibilità limitata, che possiede le caratteristiche necessarie all'esecuzione di un determinato job. Ogni singola Risorsa ha una serie di elementi funzionali (ad esempio un determinato numero di processori, una capacità di memoria, una data frequenza per la CPU, una determinata banda, una o più macchine ed eventualmente particolari dispositivi) che la rendono adatta all'esecuzione di un particolare job ed ogni risorsa ha un gestore locale (local resource management system).

Ogni User Job viene quindi processato dal livello Application (la cui analisi dettagliata non è scopo della presente dissertazione) e i singoli job atomici ottenuti vengono inviati al livello Middleware per essere processati. Tali informazioni serviranno poi a livello superiore per informare l'utente sull'esito delle operazioni e per riassemblare i risultati.

10.3. Cloud Computing

L'architettura Grid con i suoi servizi rappresenta il punto di partenza del Cloud Computing, conquista degli ultimi anni (come il web 2.0 e come esso basato su applicazioni service-oriented). Il Cloud rappresenta un nuovo paradigma di sistema distribuito costituito da risorse fisiche e servizi forniti "on demand" agli utenti in internet e guidato dall'economia di scala. Il nuovo approccio commerciale e tecnico raffigura internet come una nuvola in cui si può immaginare un universo digitale in cui trovare ogni informazione possibile. Il Cloud rappresenta quindi tutte le tecnologie messe a disposizione in rete, e non solo, che permettono la fornitura di risorse IT attraverso servizi accessibili tramite ogni tipologia di dispositivo che si può connettere in rete. I fattori tecnologici che hanno incrementato lo sviluppo del Cloud sono legati alla diminuzione dei costi dello hardware e al conseguente aumento di capacità di calcolo; alla crescita esponenziale dell'uso di internet per scopi scientifici, per pubblicazioni e per archiviazioni di file; in ultimo allo sviluppo dei servizi e delle applicazioni web 2.0.

Confrontandolo con il Grid, il Cloud punta alla riduzione dei costi, ad un aumento di affidabilità e flessibilità nell'acquisizione delle risorse su cui lavorare, ma è fondamentalmente spinto da scopi economici e di business, motivo per il quale non esistono standard realmente condivisi ed ogni vendor sviluppa sistemi Cloud differenti nei proprio data center, cercando di essere competitivi per acquisire un maggior numero di clienti. Le problematiche architetturali restano comunque le medesime: dalla gestione e condivisione di un gran numero di risorse alla computazione distribuita su tali risorse. È comunque possibile affermare che il Cloud si basa su tutti gli studi e i risultati ottenuti dall'infrastruttura Grid, di cui ne rappresenta l'evoluzione business.

È quindi possibile definire ipotizzare e semplificare una complessa architettura Cloud in un'architettura a tre livelli come di seguito.

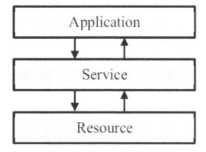

Figura 3. Architettura a tre livelli di un Cloud.

Lo strato *Application* contiene tutte le applicazioni che si vogliono far eseguire sul Cloud. Lo strato *Service* rappresenta l'insieme di tutti i servizi offerti dalla piattaforma Cloud, che verranno illustrati di seguito e lo strato *Resource* rappresenta l'insieme di tutte le tipologie di risorsa posizionate all'interno dei data center distribuite geograficamente e amministrativamente per un provider che fornisce i servizi Cloud.

Di seguito si illustrano le principali proprietà e modalità di erogazione e distribuzione di un servizio Cloud, che, diversamente dai servizi Grid, presentano un contesto di sviluppo più commerciale. Anzitutto si definiscono gli attori principali facenti parte del modello Cloud:

●cloud provider: entità responsabile di rendere il servizio disponibile alle parti interessate della implementazione Cloud;

●cloud consumer: l'utente (persona o organizzazione) che usa i servizi di uno o più Cloud Provider;

●cloud auditor: terza parte che possa condurre una verifica dei servizi, delle prestazioni e della sicurezza della implementazione Cloud;

●cloud broker: entità che gestisce l'uso e l'erogazione dei servizi Cloud negoziando le relazioni tra i Cloud provider e i Cloud consumer;

●cloud carrier: intermediario che fornisce la connettività e il trasporto dei servizi Cloud dai Cloud provider ai Cloud consumer.

Gli utenti consumer collegati ad un fornitore di servizi Cloud (provider) possono memorizzare e archiviare dati, ovvero elaborare dati in vario modo, utilizzando un semplice browser. La modalità è solitamente:

●on demand (servizi su richiesta);

●pay for use (pagamento in base all'uso effettivo).

Tra le principali caratteristiche del Cloud si considerano le seguenti:

●on-demand self-service: un consumatore può acquisire autonomamente le risorse necessarie al suo scopo (ad esempio risorse di memorizzazione, di calcolo, di rete e macchine virtuali), senza interagire con i fornitori di servizi;

•broad network access: le risorse sono disponibili in rete e accessibili attraverso standard mediante piattaforme anche eterogenee (dai telefoni mobili ai tablet alle workstation);

•rapid elasticity: le risorse possono essere acquisite e rilasciate "elasticamente", ovvero automaticamente in relazione alla domanda, rimanendo illimitate e sempre disponibili in ogni momento al consumatore finale;

•resource pooling: le risorse del fornitore sono condivise tra molteplici consumatori, assegnate e riassegnate dinamicamente in base alla domanda. L'utente non ha controllo o conoscenza dell'esatta ubicazione delle risorse fornite, ma può essere in grado di specificare dei vincoli sulla locazione delle risorse a lui assegnate in termini di area geografica, Paese o anche singolo data center;

•measured service: I sistemi Cloud controllano automaticamente e ottimizzano l'uso delle risorse in base al tipo di servizio. L'utilizzo delle risorse può essere monitorato in trasparenza sia per il fornitore che per l'utilizzatore del servizio.

Le tipologie di servizio fornite dai provider sono principalmente tre:

•Platform as a Service (PaaS): il servizio offerto consiste in una piattaforma di elaborazione con la quale l'utente può sviluppare, testare, implementare e gestire le applicazioni aziendali senza i costi e la complessità associati all'acquisto e alla gestione dell'hardware e del software di base; il provider gestisce l'infrastruttura e i componenti della piattaforma (ad esempio i database) e supporta, con strumenti di sviluppo o interfacce di programmazione, i processi di sviluppo del consumer che ha il controllo sulle applicazioni e su alcuni parametri ambientali e che ha, al contempo, accesso ridotto alle infrastrutture sottostanti;

•Software as a Service (SaaS): il servizio offerto consiste in un'applicazione software (messa a disposizione sul web) che può essere utilizzata su richiesta; il provider aggiorna le applicazioni software in conformità ai livelli di servizio concordati con il consumer che ha un limitato controllo amministrativo sulle applicazioni;

•Infrastructure as a Service (IaaS): il servizio offerto consiste in una infrastruttura con capacità computazionale, di memorizzazione e di rete, sulla quale l'utente può installare ed eseguire il software necessario (dal sistema operativo alle applicazioni); tale servizio è simile ai servizi forniti dal Grid ma le risorse vengono utilizzate su richiesta al momento in cui una piattaforma ne ha bisogno. Il provider gestisce le risorse fisiche dell'infrastruttura (i server, le reti e lo storage). Il consumer usa le risorse messe a disposizione dal provider e, rispetto ai consumer di servizi PaaS o SaaS, ha accesso e maggiore controllo sull'infrastruttura di sistema.

A quelle elencate si aggiungono:

•Data as a Service (DAAS): il servizio offerto consiste nel mettere a disposizione dell'utente i dati rendendoli disponibili in vari formati, come se fossero presenti sul disco locale, riducendo, ad esempio, i costi di licenza di un intero database;

•Hardware as a Service (HAAS): il servizio offerto consiste in un accesso, con privilegi di amministratore, ad una architettura Cloud, su cui l'utente può creare più istanze virtuali e usufruire delle risorse della infrastruttura Cloud per far funzionare le macchine.

In ultimo si considera la modalità di distribuzione dei servizi in rete, importante quando si dovesse decidere di usufruire dei servizi Cloud. Si individuano i seguenti modelli:

•Public Cloud: il fornitore mette a disposizione degli utenti i servizi Cloud pubblici, secondo politiche, modelli, prezzi stabiliti unilateralmente dal fornitore stesso, che gestisce l'infrastruttura;

•Private Cloud: il fornitore mette a disposizione l'infrastruttura per uso esclusivo da parte di una singola organizzazione, in cui l'utente utilizza il proprio data center per il proprio Cloud privato, con politiche di gestione e modelli di Cloud stabiliti dall'utente stesso. L'infrastruttura può essere posseduta e gestita dall'organizzazione stessa, o da un società terza o da una combinazione delle due, e può esistere dentro o fuori le proprie sedi: situazione adatta a chi è interessato a rendere più efficiente la propria infrastruttura;

•Community Cloud: infrastruttura fornita per uso esclusivo da parte di una comunità di consumatori di organizzazioni con interessi comuni;

•Hybrid Cloud: infrastruttura composta da due o più infrastrutture Cloud (ad esempio Public e Private) che restano entità distinte interfacciate attraverso tecnologie standard, che abilitano la portabilità di dati e applicazioni. Si tratta di una soluzione che potrebbe risolvere il problema del trattamento dei dati sensibili, gestendoli nel Cloud privato e demandando al Cloud pubblico il resto.

Queste tipologie di servizi, presentano vantaggi quali la facilità dell'accesso al servizio, tramite interfacce web da qualsiasi posto, in qualsiasi momento e mediante interfacce indipendenti dal tipo di dispositivo utilizzato, la disponibilità di un servizio fruibile da clienti diversi mantenendo una separazione logica o fisica dei dati, le minori spese per le risorse ovvero un risparmio sugli investimenti e un facile adeguamento delle condizioni contrattuali in funzione delle maggiori o minori esigenze da parte dell'utente finale che può ridurre le risorse umane dedite alla gestione dell'infrastruttura, disponibilità di aggiornamenti o di installazione di nuove funzionalità fornite normalmente senza ulteriori spese da parte dell'utente finale, in ultimo, la possibilità di mettere in atto un sistema di sicurezza volto a proteggere i dati e le reti con servizi sempre presidiati da backup.

D'altra parte, è necessario valutare anche gli svantaggi propri di questa tipologia di servizi quali la dipendenza da internet (l'impossibilità della connessione può determinare un blackout di ogni attività), la gestione delicata non solo relativamente alla sicurezza ma anche alla privacy in quanto i dati sono memorizzati in server virtuali, di cui spesso non si sa la locazione fisica dei data center, con il rischio di manipolazioni per ricerche di mercato, spionaggio industriale o altro.

Tra i principali rischi cui porre attenzione si ritrovano:

- data-at-rest: non sempre si ha la garanzia dal provider che i dati siano stati eliminati in maniera sicura, soprattutto nel caso in cui si abbia una rescissione del contratto o una riallocazione di risorse IT;

- data-in-transit: i dati vengono memorizzati entro il perimetro del provider e si assiste al passaggio di dati dal cliente al fornitore, dando origine ad un flusso informativo tra due ambienti;

- data-in-process: legato al processamento dei dati, i quali non risultano cifrati nel data center e risultano vulnerabili.

Tra le principali problematiche di sicurezza si ritrovano:

- identity: consiste nell'insieme di informazioni associate a una specifica entità per le quali le piattaforme Cloud dovrebbero garantire e fornire un robusto sistema di gestione;

•data lock-in: consiste nella difficoltà di estrarre dati da un Cloud, senza perdere informazioni personali, volendo riutilizzarli su un altro Cloud, a causa di standard non condivisi;

•Storage Location: consiste nel memorizzare i vari dati e/o file forniti dal cliente su server spesso fuori dalla regione, o dal paese d'origine con problematiche riguardanti il rispetto di regole e leggi, alle quali, le stesse organizzazioni che richiedono il servizio, devono sottostare.

Tra le principali tecniche di protezione si ritrovano:

•controllo e audit: il monitoraggio su tutte le attività può assicurare di ottenere un contratto affidabile con il fornitore di servizio;

•crittografia: è necessario adottare opportune strategie per rendere nascosti i dati condivisi con i diversi client in rete (Encrypting data in transit over networks) ovvero per proteggerli su disco o in un database (Encrypting data at rest).

L'adozione di un servizio Cloud comporta quindi la necessità da parte dell'utente finale di verificare, controllare e valutare condizioni quali l'affidabilità del fornitore, la portabilità dei dati nel caso di passaggio ad altro fornitore, la disponibilità dei dati in caso di necessità, il posizionamento fisico dei dati, la gestione della confidenzialità dei dati, le politiche di conservazione dei dati e dei backup.

Dal punto di vista organizzativo, recente è l'avvio del progetto Coco Cloud - Confidential e Compliant Clouds - nuovo progetto di ricerca finanziato dalla Commissione Europea, che ha l'obiettivo di condividere in maniera sicura dati nel Cloud garantendo al tempo stesso la privacy, verificando la conformità alle leggi e alle regole tecniche per la condivisione dei dati, sulla base di appositi accordi, in cui AgID contribuirà alla definizione dei requisiti e dell'architettura e avvierà le opportune attività per recepire i risultati del progetto nelle linee guida di futura emanazione relativamente al Cloud computing nel settore pubblico e nello specifico ambito del Sistema Pubblico di Connettività (SPC). I principali risultati del progetto saranno valutati attraverso tre casi pilota sviluppati nei domini della sanità, della pubblica amministrazione e dell'uso in ambito aziendale di dispositivi mobili.

10.4. I sistemi pervasivi

I sistemi distribuiti classici sono caratterizzati dalla loro stabilità, i nodi sono fissi e hanno una connessione in rete di alta qualità. L'uso sempre più ampio di sistemi mobili (dagli smart phone e tablet di ultima generazione alle MANET - Mobile Ad-hoc NETwork, sistemi altamente dinamici di tipo wireless che possono operare senza la necessità di una infrastruttura fisica fissa) ed embedded (sistemi elettronici integrati e progettati per determinate applicazioni, nei quali il software è solo un componente spesso senza interfacce verso un interlocutore umano, ma verso altri componenti del sistema che controlla), comporta la gestione di sistemi distribuiti pervasivi, in cui la variabilità (o meglio l'instabilità) risulta essere il normale comportamento. La gestione e la configurabilità di tali dispositivi è affidata all'operatore che li usa e il controllo è legato al dispositivo che risulta autoconsistente e che si deve adattare all'ambiente circostante e all'applicazione richiesta.

10.5. Big Data

Conquista degli ultimi anni è l'analisi e alla gestione dei Big Data, i quali sono caratterizzati da raccolte di dati di varia natura e di dimensione così elevata da non poter essere facilmente elaborati con gli strumenti tradizionali di calcolo, ma tali da dover utilizzare strumenti differenti e sviluppati ad hoc per poterli acquisire, visualizzare, analizzare e condividere. Questo perché con lo sviluppo tecnologico i dati prodotti dall'umanità e diffusi in rete risultano di giorno in giorno sempre più elevati. Si consideri infatti la quantità di dati che circola attraverso i sistemi di comunicazione digitali sugli strumenti digitali utilizzati dai consumatori e dagli utenti della rete: dai social networks, ai blog, ai siti web, alle app per smartphone. Le tecnologie adottate per lo studio dei Big Data permettono oggi di lavorare su *dataset* (collezioni di dati) di volumi incredibilmente grandi, fornendo una visione completa e non più parziale dei fenomeni, correlando informazioni apparentemente prive di connessioni tra loro. Una comune definizione di Big Data li caratterizza con le 3V:

- volume: capacità di acquisire, memorizzare e accedere a grandi volumi di dati (le informazioni partono dai terabyte per passare dai petabyte - 10^{18} e giungere ai zetabyte - 10^{21});
- velocità: capacità di effettuare analisi di dati in realtime;
- varietà: i dati possono provenire da fonti diverse.

Lo sviluppo anche economico si basa sull'ultimo fattore, in quanto sulla varietà delle informazioni si giocherà la sfida dei Big Data, che offrirà a tutti i partecipanti un dataset composto da dati di ogni natura: dalle telecomunicazioni alla logistica, dal consumo energetico al meteo. I Big Data sono usati, ad esempio, per analizzare i mercati permettendo lo studio dei comportamenti e l'andamento dei trend (operazioni che hanno sempre comportato investimento di tempo e denaro). Oppure è possibile studiare i comportamenti degli utenti che usano ormai gli smartphone per effettuare variegate attività, dalla lettura dei documenti, agli acquisti su internet, alla calendarizzazione del proprio lavoro, e in ultimo all'uso classico della telefonia. In ultimo, possono essere usati in modalità proattiva in ambito meteorologico riuscendo a scandagliare ed analizzare tutti i dati provenienti dai milioni di sensori, telecamere e rilevatori presenti in tutto il mondo.

I dataset possono provenire da fonti eterogenee (ad esempio immagini, e-mail, GPS, informazioni provenienti dai Social Network) e quindi possono essere anche non strutturati: lo scopo Big Data consiste nel raggruppare e visualizzare in maniera chiara, semplice e connessa questi dati e per migliorare l'efficienza e la qualità dei prodotti o dei servizi offerti o per tenere sotto controllo efficacemente un qualunque fenomeno analizzabile. È importante valutare sia il punto di vista quantitativo (dati numerosi ed eterogenei), sia quello qualitativo (aggiungendo una quarta V alle caratteristiche dei Big Data per valutare la "veridicità" dei dati, ovvero la reale informazione che si riesce ad estrarre).

I Big Data sono importanti per il mondo aziendale e per le pubbliche amministrazioni in quanto non implicano solo considerazioni strettamente di business e possono comportare nel complesso un miglioramento dei processi e delle prestazioni del sistema che ne fa correttamente uso, di contro, diventa anche in tale contesto importante la gestione della privacy per gli utenti in quanto è ancora incerto l'uso e la relativa valutazione su una tale mole di dati che comunque è legata sempre alla sfera personale di consumi, abitudini e tendenze sociali.

In ultimo, si vuole sottolineare come, nonostante la crisi, il diffondersi del Cloud Computing e degli strumenti "open-source" (che abbattono i costi di licenza), rendono molto meno costoso e più flessibile l'adozione di queste tecniche da parte anche delle organizzazioni medio-piccole.

11.   Business Continuity e Disaster Recovery

La società odierna poggia profondamente sui servizi forniti sulla rete, dalle aziende ai singoli utenti: è necessario quindi poter prevedere in caso di guasti (la rottura di un HD) o catastrofi (incendi), la possibilità di mantenere comunque attivi i sistemi. La prima situazione viene risolta con l'uso di tecniche di business continuity, che consentono all'azienda di continuare ad esercitare il proprio business a fronte di eventi avversi che possono colpirla attraverso un particolare piano che valuta i rischi e organizza opportunamente i propri sistemi al fine di poter mantenere sempre attivo il servizio fornito (ad esempio usando macchine ridondanti in Cluster si previene la possibilità di problematiche al servizio fornito quando una delle macchine del Cluster dovesse cedere). Nel caso di grandi organizzazioni il *business continuity plan* può essere integrato con il *disaster recovery plan*, che permette il ripristino delle funzionalità dei sistemi informatici nel caso di eventi catastrofici, i quali rendono indisponibile la sede in cui risiedono i server dell'azienda: questo attraverso l'attivazione di sistemi silenti, ma sempre aggiornati, in altra sede aziendale geograficamente distante. È necessario attivare dei processi semplificati di decisione e di azione per fronteggiare le singole situazioni, valutando i sistemi e le applicazioni core dell'azienda e definendo le relative priorità, riconoscendo le problematiche e attivando le relative politiche di intervento e, in ultimo, definendo degli obiettivi misurabili per il ripristino del servizio, valutando i costi potenziali che un disservizio di varia natura può provocare all'azienda.

12. La Pubblica Amministrazione Digitale

La Pubblica Amministrazione (PA) si è impegnata nella digitalizzazione delle procedure, tramite azioni concrete consistenti in una legge (Lgs n°82/2005) e in varie pubblicazioni che individuano delle linee guida per meglio poter affrontare la continua evoluzione delle tecnologie moderne, in modo tale che gli utenti o le aziende, che usufruiscono dei servizi della PA, possano interagire comodamente e agilmente. Il punto di partenza è stato l'e-government, che impone l'uso delle nuove tecnologie dell'informazione e della comunicazione in vari ambiti amministrativi, tra i quali:

- e-procurement: sistema elettronico di approvvigionamento di beni e servizi;
- e-id: identificazione elettronica;
- e-health: gestione elettronica della sanità;
- e-justice: gestione elettronica della giustizia;
- e-learning: trasmissione della conoscenza mediante tecniche informatiche e la rete.

Questo primo passo verso la digitalizzazione ha comportato lo snellimento delle procedure e il coinvolgimento dei cittadini promuovendo l'efficienza, la trasparenza e la qualità dei servizi offerti.

Inoltre, l'Agenda Digitale Europea, elaborata a partire dal 2010 (una delle iniziative faro della strategia Europa 2020), mira a stabilire il ruolo chiave delle tecnologie dell'informazione e della comunicazione (TIC), risultando lo spunto dell'innovazione italiana ed europea, e favorisce l'uso dei servizi di ogni tipo da qualsiasi dispositivo (smartphone, tablet PC, computer, radio digitali o televisori ad alta definizione), nella speranza che entro il 2020 i contenuti e le applicazioni digitali possano essere forniti quasi interamente online.

12.1. Codice dell'Amministrazione Digitale

Il Codice dell'Amministrazione Digitale (emanato mediante il D.Lgs n°82 del 07/03/2005 ed entrato in vigore il 01/01/2006) permette di attuare quel processo di digitalizzazione delle attività amministrative quale punto di partenza per una reale modernizzazione degli Enti e delle Amministrazioni Pubbliche. La legge, al passo con le evoluzioni dei sistemi informativi, si è evoluta nel tempo (fino all'introduzione di concetti quali il Cloud Computing) ed è tuttora in continua revisione ed evoluzione. La legge si basa principalmente sui seguenti punti:

- coinvolgimento dei cittadini: con l'introduzione del concetto di "cittadino digitale" si ha il diritto all'uso delle tecnologie, all'accesso e all'invio e alla ricezione di documenti digitali verso la pubblica amministrazione tramite email e il diritto di effettuare pagamenti digitali. Si ricorda in tale contesto che la PA fornisce gratuitamente un indirizzo di posta certificata gratuito ai cittadini (previo riconoscimento) per poter dialogare con tutti gli enti e le amministrazioni pubbliche;
- definizione e uso da parte della PA di strumenti digitali: quali la posta elettronica certificata, la firma digitale, i documenti informatici, i portali internet;
- dematerializzazione, riduzione dei costi e miglioramento dell'efficienza della PA grazie all'uso delle nuove tecnologie: riduzione di emissione di certificati cartacei demandati alla produzione alternativa di certificati digitali, uso della posta elettronica (certificata e non) per l'invio delle comunicazioni, eliminazione degli archivi cartacei sostituiti da quelli digitali, riuso e condivisione delle tecnologie tra PA, creazione di archivi di dati di

interesse nazionale, gestione informatica dei procedimenti.

I cittadini e le imprese hanno diritto (art.3) a richiedere ed ottenere l'uso delle tecnologie telematiche nelle comunicazioni con la PA coinvolte e il codice regolamenta le comunicazioni tra PA e quelle con il cittadino (tramite l'uso della Posta Elettronica Certificata). Al fine di poter esercitare il diritto all'uso delle tecnologie, lo Stato si impegna all'alfabetizzazione informatica e le PA sono obbligate a provvedere all'adeguamento tecnologico e organizzativo per l'attuazione della normativa in materia di digitalizzazione. Le PA devono essere in grado di consentire il pagamento per via telematica (art. 5). Le PA sono obbligate a predisporre appositi piani di emergenza idonei ad assicurare la continuità operativa e a far fronte a situazioni di disaster recover.

Le funzioni di controllo e supporto sono demandate ad AgID.

Le PA hanno anche l'obbligo di dialogare tra loro rendendo disponibili dati di interesse comune. Inoltre, le PA devono disporre di un portale, da cui poter reperire informazioni, secondo uno schema predefinito e condiviso che comporta la presenza di dati quali le caselle di posta elettronica e le PEC, l'elenco dei bandi e concorsi, le scadenze e le modalità di adempimento dei procedimenti, in ottica di piena trasparenza. Tutti i moduli e i formulari richiesti per l'adempimento di alcuni procedimenti sono considerati validi solo se pubblicati anche in formato elettronico.

Anche l'identificazione informatica viene regolata dal codice mediante la carta d'identità elettronica (CIE) e la carta nazionale dei servizi (CNS).

Il CAD, inoltre, riconosce le seguenti firme digitali:

- firma elettronica: insieme dei dati elettronici allegati o connessi mediante associazione ad altri per l'identificazione informatica di un soggetto;
- firma elettronica avanzata: insieme dei dati allegati o connessi ad un documento informatico che permetta l'identificazione del firmatario del documento e ne garantisca la connessione univoca ad esso;
- firma elettronica qualificata: una procedura informatica che garantisce la connessione univoca tra il documento e

il firmatario creata su mezzi per il quale il firmatario risulta avere un controllo esclusivo;

- firma digitale (definita dall'art.24): firma elettronica che garantisce la sicurezza d'identificazione. La validità di tale firma è accreditata da un processo di certificazione effettuato da un certificatore qualificato e si utilizza un sistema di chiavi crittografiche che rispecchi i requisiti di legge per autenticarne la validità.

In ultimo, punto cruciale di questo processo di modernizzazione degli enti pubblici, troviamo la dematerializzazione dei documenti ed il manifesto del documento informatico e i relativi strumenti per gestirlo. Si definisce con documento informatico la rappresentazione telematica di atti, fatti o dati giuridicamente rilevanti. L'art. 21 sancisce che un qualsiasi documento informatico, a cui si apposta la firma elettronica, abbia valore probatorio, in base alle caratteristiche oggettive di sicurezza, qualità, integrità ed immodificabilità. Le scritture private, inoltre, devono essere sottoscritte con firma elettronica qualificata o firma digitale. Anche la copia informatica di un documento analogico (documento informatico avente contenuto identico a quello analogico da cui è tratto, tramite scansione) si può considerare valida se vi è apposta l'attestazione di conformità anche se la mancanza della suddetta non è vincolante, tranne in casi in cui è espressamente dichiarato. Comunque, tutti i documenti provenienti dalle pubbliche amministrazioni devono sempre riportare l'attestazione di conformità dal parte del Pubblico Ufficiale. Gli articoli 40 e 41 regolamentano anche il concetto di "protocollo informatico" (l'insieme delle comunicazioni che pervengono o sono inviate dalle caselle di posta elettronica, nonché le istanze e le dichiarazioni) e il procedimento e fascicolo informatico (le PA sono obbligate a raccogliere atti, documenti e dati relativi ad uno stesso procedimento in un fascicolo informatico a cui è associato un identificativo unico).

12.2. Sistema Pubblico di Connettività

Il CAD stabilisce le regole per la comunicazione a livello infrastrutturale (art. 73) in cui si introduce il concetto di Sistema Pubblico di Connettività, cioè l'insieme delle infrastrutture tecnologiche per la diffusione, la condivisione, lo sviluppo e l'integrazione del patrimonio informativo e dei dati delle PA. Il Sistema Pubblico di Connettività (SPC) è un'evoluzione della Rete Unitaria della Pubblica Amministrazione (RUPA), infatti oltre a occuparsi dei servizi di connettività delle amministrazioni centrali si rivolge anche a tutte le amministrazioni pubbliche, statali, regionali e agli enti locali.

Il Sistema è suddiviso in tre livelli:

- connettività: garantisce i mezzi per il trasporto di dati in modo sicuro;
- interoperabilità: comprende servizi di posta elettronica, PEC ecc.;
- cooperazione Applicativa (SPCOOP): è l'insieme delle regole e specifiche per lo sviluppo ed il funzionamento di applicazioni cooperanti tra le amministrazioni per erogare i servizi finali.

Le amministrazioni aderiscono al modello SPCOOP attraverso regole e strumenti codificati:

- IPA (Indice delle Pubbliche Amministrazioni): l'iscrizione all'IPA risulta necessaria al fine di attivare servizi di interoperabilità e di cooperazione;
- Accordi di Servizio: descrivono i servizi applicativi erogati dalle amministrazioni e vengono pubblicati nel Registro degli Accordi di SPCOOP;
- Accordi di Cooperazione: descrivono i servizi applicativi composti, erogati da più amministrazioni cooperanti e vengono pubblicati nel Registro degli Accordi di SPCOOP;
- Catalogo degli schemi e delle antologie: contiene i dati e i metadati e le ontologie di dominio usati nel SPC e pubblicati dalle amministrazioni per consentire l'integrazione delle informazioni e dei procedimenti dell'accesso ai dati.

SPC si basa sul concetto di Porta di Dominio, che ha lo scopo di assicurare lo scambio di informazioni tra le PA e si assicura che esse siano ugualmente probanti a quelle scambiate con metodi tradizionali e funziona da interfaccia per l'accesso alle risorse applicative che si trovano all'interno dello stesso dominio garantendone l'autenticità delle informazioni scambiate. È quindi necessario identificare i servizi e i dati che ogni PA rende disponibili in rete e si devono rispettare, per ogni servizio accessibile in rete, le politiche di sicurezza, accesso, controllo, qualità e correttezza di erogazione del servizio. Il modello organizzativo che regola l'interoperabilità si definisce come Sistema Pubblico di Connettività e Cooperazione che individua a livello concettuale l'esistenza di un'unica porta di dominio che corrisponde alla totalità di tutti gli apparati preposti allo scopo di accedere alle risorse. L'interoperabilità delle porte di dominio si avvale dell'OpenPDD, un set di API e interfacce che normalizza e standardizza l'accesso ai servizi delle PDD. Quando due porte di dominio interagiscono tra loro attraverso la componente di cooperazione, la porta di dominio che svolge il ruolo di fornitore è detta "Porta Applicativa", mentre quella che risulta usufruire del servizio è chiamata "Porta Delegata" e la comunicazione avviene attraverso scambi di messaggi, sfruttando il set di servizi esposti

13.   Bibliografia

Luciano Manelli, "Fondamenti di Informatica Moderna", Casa Editrice ARACNE, 2014.

I. Foster, C. Kesselman, S. Tuecke, "The anatomy of the Grid: Enabling scalable virtual organizations", Int. J. High Perform. Comput. Appl., vol. 15, n° 3, pp. 200-222, 2001.

I. Foster, "What is the Grid? A Three Point Checklist", Globus Alliance, available online on: http://www.globus.org/alliance/publications/papers.php, 2002.

"Twenty-One Experts Define Cloud Computing", Cloud Expo, http://cloudcomputing.sys-con.com/node/612375, 2009.